초능력 맞춤법＋받붙임딱지

KB085774

🐰 학습을 마친 후 '학습 진도표'에 붙임딱지를 붙여 주세요.

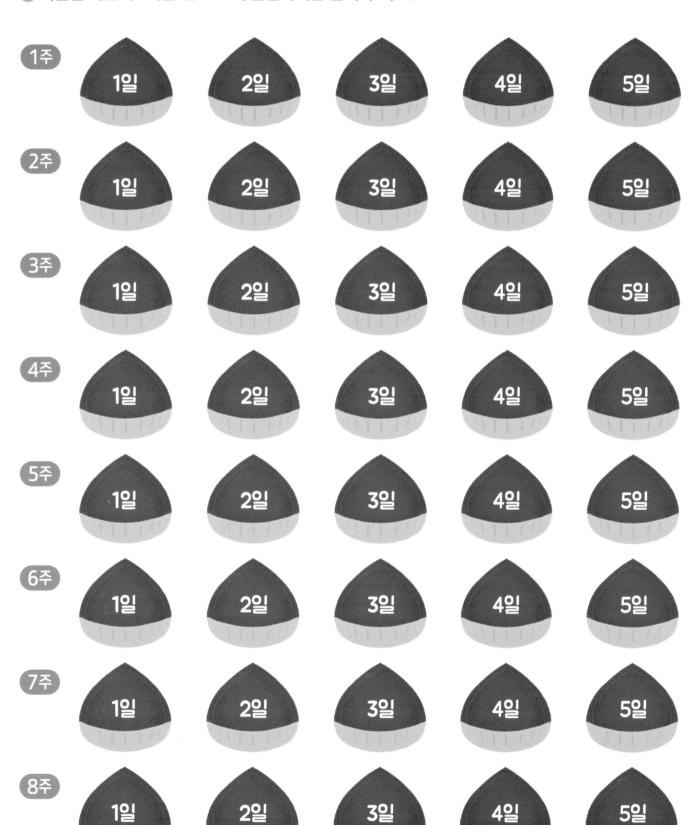

맞춤법 +
받아쓰기

초등 국어
2·2

맞춤법+받아쓰기 실력은
1~2학년 때 쌓아야 합니다

1

1~2학년 시기가 가장 중요해요

초등학교 초기에 생긴 학습 격차는 학년이 올라갈수록 더 커지는 특성을 보입니다. 저학년 시기에 학습을 따라가지 못하면 학습에 대한 자신감을 쉽게 잃게 되기 때문입니다. 따라서 저학년 때에는 학습을 잘 따라갈 수 있도록 기초 학습 능력을 키우는 것이 중요합니다.

맞춤법은 국어뿐 아니라 모든 과목 학습의 기초입니다. 낱말과 문장을 맞춤법에 따라 바르게 읽고 쓸 수 있어야 학습 내용을 정확하게 이해할 수 있고, 자신이 이해하고 생각하는 것들을 효과적으로 표현할 수 있습니다.

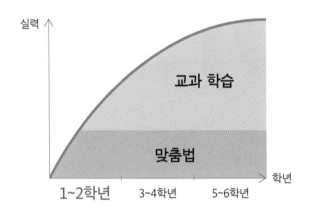

2

교과 어휘와 중요 어휘로 맞춤법을 익혀야 해요

어떤 어휘로 맞춤법을 가르쳐야 할지 고민인 학부모님들이 많습니다. 아이에게는 학년과 학기에 맞춰 꼭 알아 두어야 하는 어휘부터 가르쳐야 합니다. 익혀야 할 기초 교과 어휘를 맞춤법에 따라 정확하게 아는 것이 중요하기 때문입니다. 그리고 일상생활이나 여러 글에서 자주 나오는 어휘를 가르쳐야 합니다. 이러한 어휘들을 바르게 읽고 쓰며 다양한 문장에서 활용할 때 맞춤법 실력과 어휘력이 쑥쑥 자라게 됩니다.

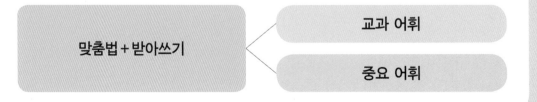

3

꾸준히 반복 연습 해야 해요

아이에게 맞춤법에 맞는 낱말을 <u>꾸준히 반복하여 듣고, 읽고, 손으로 직접 쓰며 익히는 기회를 충분히 주는 것이 우직해 보여도 가장 효과적인 방법입니다.</u> 아이들에게는 자주 접하는 낱말이 쉬운 낱말이기 때문입니다.

학교 교육과정은 단순히 읽고 쓰는 것을 넘어 '유창하게 읽고 쓰기' 수준까지 요구하고 있습니다. 따라서 낱말의 뜻을 생각하며 정확하게 듣고, 읽고, 쓰는 연습도 놓치지 말아야 합니다.

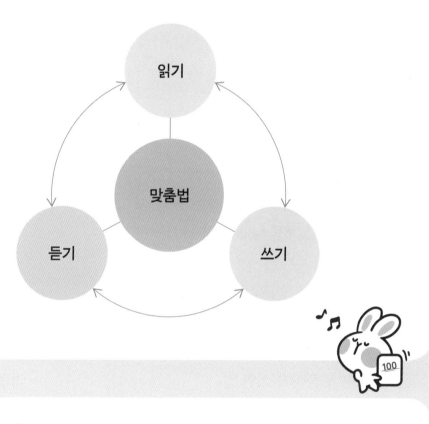

4

초능력 맞춤법 +받아쓰기로 맞춤법 실력을 완성해요

<u>이 책은 학년과 학기에 맞춰 효과적으로 맞춤법을 학습할 수 있게 구성되었습니다.</u> 하루에 한 개씩 맞춤법 원리를 배우고, 배운 원리를 생각하며 낱말을 따라 씁니다. 이때 QR코드를 통해 듣기 자료를 들려 주면 눈과 손과 귀를 통해 여러 감각이 자극되어 학습 효과가 훨씬 커집니다. 그리고 다양한 상황에서의 낱말의 쓰임을 확인하고 정확하게 받아 쓰며 실력을 탄탄하게 쌓을 수 있습니다.

맞춤법 원리 → 따라 쓰기 → 확인하기 → 받아쓰기

맞춤법 실력 완성

초능력 맞춤법 + 받아쓰기
학습 순서

시작 **1·1**

✔ 기본 자·모음자부터 받침 소리까지 바르게 읽고 쓰는 법을 배웁니다.

✔ 1학년 1학기 교과 어휘와 중요 어휘에서 틀리기 쉬운 말들을 알맞게 구별해서 쓰는 법을 배웁니다.

소리와 같거나 다르게 쓰는 말

· 기본 모음자가 쓰인 말
· 쌍자음자와 받침이 쓰인 말
· 여러 가지 모음자가 쓰인 말
· 받침이 뒤로 넘어가서 소리 나는 말

틀리기 쉬운 말

· 작다 / 적다 ~ 가르치다 / 가리키다
· 바라다 / 바래다 ~ 낳다 / 낫다
· 거름 / 걸음 ~ 엎다 / 업다
· 우리 / 저희 ~ ~이었다 / ~였다

1·2

✔ 대표 소리나 된소리로 소리 나는 말을 바르게 읽고 쓰는 법을 배웁니다.

✔ 1학년 2학기 교과 어휘와 중요 어휘에서 틀리기 쉬운 말들을 알맞게 구별해서 쓰는 법을 배웁니다.

소리와 같거나 다르게 쓰는 말

· 대표 소리 [ㄱ], [ㄷ], [ㅂ]

· ㄱ, ㄲ, ㅋ, ㄷ, ㅌ, ㅂ, ㅍ, ㄴ, ㄹ, ㅁ, ㅇ, ㅅ, ㅆ, ㅈ, ㅊ 받침 뒤에서 된소리가 나는 말

틀리기 쉬운 말

· 아기 / 창피 ~ 가까이 / 솔직히
· 찌개 / 베개 ~ -되 / 돼
· 새다 / 세다 ~ 짓 / 짖다
· 덥다 / 덮다 ~ 바치다 / 받치다
· 날다 / 나르다 ~ 부수다 / 부시다

2·1

✓ 닮은 소리가 나거나 겹받침이 쓰인 말을 바르게 읽고 쓰는 법을 배웁니다.

✓ 2학년 1학기 교과 어휘와 중요 어휘에서 틀리기 쉬운 말들을 알맞게 구별하여 쓰는 법을 배웁니다.

소리와 다르게 쓰는 말

· [ㄴ], [ㄹ], [ㅁ], [ㅇ]으로 소리 나는 말
· 겹받침 ㄳ, ㄵ, ㅄ, ㄼ, ㄾ, ㄺ, ㄻ, ㄿ, ㄶ, ㅀ이 쓰인 말

틀리기 쉬운 말

· 좀 / 거꾸로 ~ 금세 / 요새
· 깁다 / 깊다 ~ 찢다 / 찧다
· 껍질 / 껍데기 ~ 어떻게 / 어떡해
· -던지 / -든지 ~ 윗- / 웃-
· 굳다 / 궂다 ~ 젓다 / 젖다

2·2

✓ 구개음, 거센소리로 나거나 소리가 덧나는 말, 사이시옷이 붙는 말을 바르게 읽고 쓰는 법을 배웁니다.

✓ 2학년 2학기 교과 어휘와 중요 어휘에서 틀리기 쉬운 말들을 알맞게 구별해서 쓰는 법을 배웁니다.

소리와 다르게 쓰는 말

· [ㅈ], [ㅊ]으로 소리 나는 말
· 거센소리가 나는 말
· [ㄴ], [ㄹ] 소리가 덧나는 말
· 사이시옷이 붙는 말

틀리기 쉬운 말

· 설레다 / 헤매다 ~ 맞추다 / 맞히다
· 담그다 / 잠그다 ~ 너머 / 넘어
· 벌리다 / 벌이다 ~ 저리다 / 절이다
· 좇다 / 쫓다 ~ 오랜만 / 오랫동안
· 담다 / 닮다 ~ 해어지다 / 헤어지다

이 책의
구성과 공부 방법

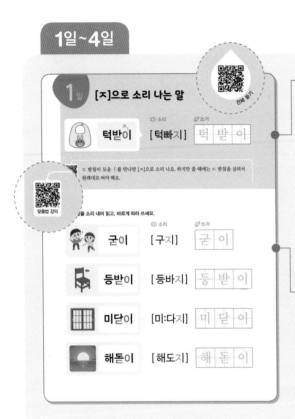

맞춤법 원리 학습 그림과 첨삭, 예문을 활용하여 맞춤법 원리를 제시하였습니다. 낱말에 담긴 맞춤법 원리를 쉽고 빠르게 이해할 수 있습니다.

(E) 학부모 TIP '맞춤법 강의' QR코드로 접속하여 아이와 강의 영상을 함께 보세요. 선생님의 친절한 맞춤법 강의를 통해 맞춤법 원리를 쉽고 재미있게 이해할 수 있어요.

따라 쓰기 맞춤법 원리에 따라 여러 낱말을 읽어 보고, 정확하게 따라 쓰며 맞춤법을 익힐 수 있습니다.

(헤드폰) 학부모 TIP '전체 듣기' QR코드로 접속하면 해당 페이지의 활동 낱말과 문장을 모두 들을 수 있어요. 정확하게 발음하는 소리를 들으면서 학습하면 여러 감각이 자극되어 기억에 오래 남아요.

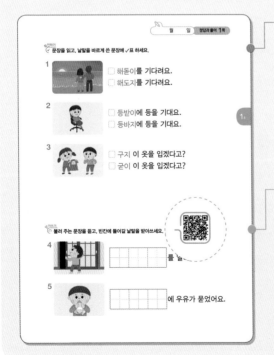

확인하기 앞에서 배운 낱말을 다양한 상황에 적용하고, 바르게 쓰인 낱말을 확인합니다.

받아쓰기 소리를 듣고 맞춤법에 맞게 낱말을 정확하게 받아씁니다. 소리가 비슷하여 헷갈린다면 낱말의 뜻을 생각하여 문장 안에 들어갈 알맞은 낱말로 받아씁니다.

(헤드폰) 학부모 TIP 활동 옆 QR코드로 접속하여 받아쓰기 음성만 따로 들려 줄 수 있어요. 또는 정답과 풀이 뒷부분에 있는 '듣기 대본'을 부모님께서 직접 읽어 주셔도 좋아요. 듣기 배속을 조절하며 들을 수 있으므로, 빠르게 쓰는 것보다 정확하게 쓸 수 있도록 충분한 기회를 주세요.

하루 2쪽

☑ 쉽고 빠르게 맞춤법 원리 학습

☑ 교과 어휘와 중요 어휘로 어휘력 향상

5일

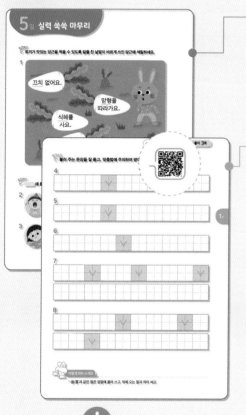

확인하기 한 주 동안 배운 내용을 다시 확인하며 학습을 마무리합니다.

받아쓰기 한 주 동안 배운 낱말을 떠올리며, 문장을 듣고 짧은 문장부터 긴 문장까지 받아씁니다.

🎧 **학부모 TIP** 문장 전체를 받아써야 하므로 듣기 음성은 여러 차례 들려 주세요. 그리고 자연스럽게 띄어쓰기를 익힐 수 있도록 '이렇게 띄어 쓰세요' 코너를 안내해 주세요.

➕

어휘력 키우기 그림과 뜻풀이를 통해 낱말을 다시 한번 확인하며 어휘력을 쌓을 수 있습니다.

📖 **학부모 TIP** 한 주의 학습을 마친 후 소리 내어 낱말을 읽고 낱말의 뜻을 확인하세요. 손으로 낱말을 가리고, 그림과 뜻에 맞는 낱말을 맞혀 보게 하는 것도 좋아요.

이 책의
차례

준비 학습

1 닮은 소리가 나는 말

앞 글자의 받침과 뒤 글자의 첫소리가 만났을 때 서로 닮아 소리가 바뀌기도 해요. 그렇지만 쓸 때에는 원래의 글자 모양을 살려서 써야 해요.

공룡

닫는

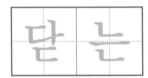

옛날

설날

난로

입맛

앞마당

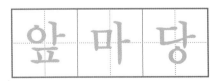

막내

국물

2 겹받침이 쓰인 말

받침이 두 개인 것을 겹받침이라고 해요. 겹받침은 상황에 따라 둘 중 하나의 자음자만 소리가 나요. 겹받침이 어떻게 소리 나는지 익히고 바르게 쓰도록 해요.

앉다

없다

짧다

핥다

맑다

삶다

읊다

귀찮다

싫다

3 잘못 쓰기 쉬운 말

우리가 쓰는 말 중 발음이 헷갈리거나 다른 말과 모양이 비슷해서 잘못 쓰기 쉬운 말이 있어요. 낱말의 모양을 기억해 두고 정확하게 쓸 수 있도록 해요.

좀 '양이 적게.', '시간이 짧게.'를 뜻하는 '조금'을 줄인 말.

좀

거꾸로 차례나 방향이 반대로 되게.

거꾸로

설거지 음식을 담아 먹은 그릇을 씻어 정리하는 일.

설거지

옷걸이 옷을 걸어 두도록 만든 물건.

옷걸이

금세 지금 바로.

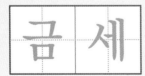

금세

요새 이제까지의 매우 짧은 동안. '요사이'를 줄인 말.

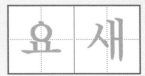

요새

④ 뜻에 맞게 구별해서 써야 하는 말

소리나 모양은 비슷하지만 뜻이 다른 말은 각각의 뜻을 정확하게 알고, 뜻에 맞게 구별해서 써야 해요.

띠다 빛이나 색을 가지다.

| 띠 | 다 |

띄다 남보다 훨씬 두드러지다. '뜨이다'를 줄인 말.

| 띄 | 다 |

시키다 어떤 행동을 하게 하다.

| 시 | 키 | 다 |

식히다 더운 기운이 없어지게 하다. 차게 하다.

| 식 | 히 | 다 |

굳다 단단하지 않던 것이 단단해지다.

| 굳 | 다 |

궂다 비나 눈이 내려 날씨가 좋지 않다.

| 궂 | 다 |

초능력 맞춤법+받아쓰기
이렇게 학습하세요!

소리 내어 또박또박 읽어 보세요

정확하게 읽기가 어렵다면 QR코드를 통해서 선생님이 불러 주는 '전체 듣기'를 들으며 따라 읽어 보세요. 읽으면서 글자의 모양과 소리가 어떠한지 살펴보아요.

바른 자세로 앉아서 학습하세요

의자에 앉을 때는 엉덩이가 맨 뒤까지 닿도록 하고 허리를 곧게 펴야 해요. 이때 다리를 꼬거나 손으로 턱을 괴지 않도록 해요.

연필을 바르게 잡고 쓰세요

엄지손가락과 검지를 둥글게 하여 연필을 잡고, 가운뎃손가락으로는 연필을 받쳐요. 그리고 손가락이 연필심과 너무 가깝거나 멀지 않게 해야 해요.

하루 2쪽씩 꾸준히 연습하세요

한 번에 너무 많이 학습하거나 시간에 쫓겨 공부하면 학습한 내용이 기억에 오래 남지 않아요. 매일 공부하는 습관을 기르며 차근차근 실력을 쌓아 가세요.

1주

시작

[지]으로 소리 나는 말

전체 듣기

🔊소리

✏️쓰기

턱받이 ▶ [턱빠지]

턱	받	이

맞춤법 강의

ㄷ 받침이 모음 ㅣ를 만나면 [지]으로 소리 나요. 하지만 쓸 때에는 ㄷ 받침을 살려서 원래대로 써야 해요.

✏️따라쓰기

🖊️ 낱말을 소리 내어 읽고, 바르게 따라 쓰세요.

🔊소리

✏️쓰기

굳이 ▶ [구지]

굳	이

등받이 ▶ [등바지]

미닫이 ▶ [미ː다지]

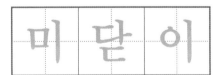

해돋이 ▶ [해도지]

해	돋	이

확인하기
✔ **문장을 읽고, 낱말을 바르게 쓴 문장에 ✓표 하세요.**

1
☐ 해돋이를 기다려요.
☐ 해도지를 기다려요.

2
☐ 등받이에 등을 기대요.
☐ 등바지에 등을 기대요.

3
☐ 구지 이 옷을 입겠다고?
☐ 굳이 이 옷을 입겠다고?

받아쓰기
🎧 **불러 주는 문장을 듣고, 빈칸에 들어갈 낱말을 받아쓰세요.**

4

를 열어요.

5

에 우유가 묻었어요.

2일 [ㅊ]으로 소리 나는 말

전체 듣기

🔊 소리
[가치]

✏️ 쓰기

같이

맞춤법 강의

ㅌ 받침이 모음 ㅣ를 만나면 [ㅊ]으로 소리 나요. 하지만 쓸 때에는 ㅌ 받침을 살려서 원래대로 써야 해요.

따라쓰기

✏️ 낱말을 소리 내어 읽고, 바르게 따라 쓰세요.

🔊 소리　　　　　✏️ 쓰기

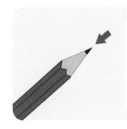
끝이　　　[끄치]　　　끝이

밭이　　　[바치]　　　밭이

낱낱이　　[난ː나치]　　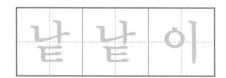낱낱이

샅샅이　　[산싸치]　　샅샅이

확인하기
✓ 문장을 읽고, 밑줄 친 낱말이 바르면 ○표, 틀리면 ✕표 하세요.

1  낱낱이 세어 보아요. ☐

2  이 길은 <u>끄치</u> 안 보여요. ☐

1_주

3  방 안을 <u>샅샅이</u> 찾아요. ☐

받아쓰기
🎧 불러 주는 문장을 듣고, 빈칸에 들어갈 낱말을 받아쓰세요.

4  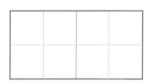 정말 넓어요.

5 나랑 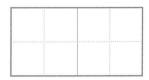 놀이터에 갈래?

전체 듣기

🔊 소리

✏️ 쓰기

넣고 [너ː코]

넣 고

맞춤법 강의

ㅎ 받침이 자음 ㄱ, ㄷ, ㅈ을 만나면 각각의 거센소리인 [ㅋ], [ㅌ], [ㅊ]으로 소리 나요.
하지만 쓸 때에는 ㅎ 받침과 뒤에 오는 ㄱ, ㄷ, ㅈ을 살려서 원래대로 써야 해요.

따라쓰기
낱말을 소리 내어 읽고, 바르게 따라 쓰세요.

🔊 소리

✏️ 쓰기

까맣게 [까ː마케]

까 맣 게

땋다 [따ː타]

땋 다

닿지 [다ː치]

닿 지

쌓지 [싸치]

쌓 지

✓ 확인하기
문장을 읽고, 바르게 쓴 낱말에 ○표 하세요.

1

밥이   까마케 / 까맣게   탔어요.

2

머리를 두 갈래로   따타. / 땋다.

3

여기에 블록을   쌓지 / 싸치   마세요.

1주

🎧 받아쓰기
불러 주는 문장을 듣고, 빈칸에 들어갈 낱말을 받아쓰세요.

4

손이 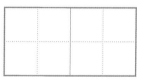 않아요.

5

가방에 책을  있어요.

4일 거센소리가 나는 말 2

전체 듣기

식혜

🔊 소리
[시켸]
[시케]

✏️ 쓰기
식 혜

맞춤법 강의

ㄱ, ㄷ, ㅂ, ㅈ 받침이 자음 ㅎ을 만나면 각각의 거센소리인 [ㅋ], [ㅌ], [ㅍ], [ㅊ]으로 소리 나요. 하지만 쓸 때에는 ㄱ, ㄷ, ㅂ, ㅈ 받침과 뒤에 오는 ㅎ을 살려서 써야 해요.

✏️ 따라쓰기
낱말을 소리 내어 읽고, 바르게 따라 쓰세요.

🔊 소리   ✏️ 쓰기

축하   [추카]   축 하

맏형   [마텽]   맏 형

입학을 축하합니다
입학   [이팍]   입 학

꽂혀   [꼬처]   꽂 혀

확인하기

문장을 읽고, 빈칸에 들어갈 바른 낱말을 찾아 선으로 이으세요.

1

　　　　를
마셔요. ·

· 시켸

· 식혜

2

　　　　를
받아요. ·

· 추카

· 축하

3

　　　　은
키가 커요. ·

· 맏형

· 마텽

 받아쓰기

불러 주는 문장을 듣고, 빈칸에 들어갈 낱말을 받아쓰세요.

4

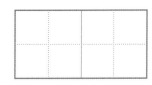 선물을 받아요.

5

책장에 책이 　　　　 있어요.

✓ 확인하기
토끼가 맛있는 당근을 먹을 수 있도록 밑줄 친 낱말이 바르게 쓰인 당근에 색칠하세요.

1

✓ 확인하기
에 들어갈 바른 낱말을 찾아 선으로 이으세요.

2 　생일 ⬭ 노래를 불러요. ·　　· 추카

　　　　　　　　　　　　　　　　　　· 축하

3 　손바닥에 물감이 ⬭ 묻었어요. ·　　· 까맣게

　　　　　　　　　　　　　　　　　　· 까마케

받아쓰기

🎧 불러 주는 문장을 잘 듣고, 맞춤법에 주의하며 받아쓰세요.

4

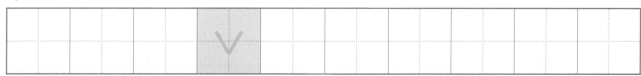

5

6

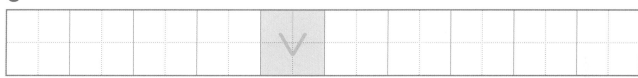

7

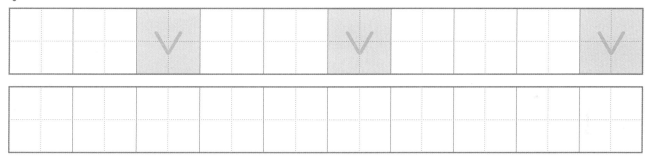

8

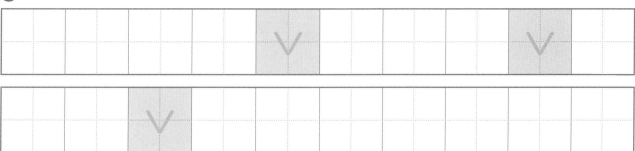

이렇게 띄어 쓰세요

'~을/를'과 같은 말은 앞말에 붙여 쓰고, 뒤에 오는 말과 띄어 써요.

🐰 이번 주에 배운 낱말을 다시 읽고, 그 뜻을 익혀 보세요.

굳이
뜻 고집스럽게.

미닫이
뜻 옆으로 밀어서 열고 닫는 문이나 창문.

낱낱이
뜻 하나하나 빠짐없이 모두.

샅샅이
뜻 빠지는 것이 없이 모조리.

닿다
뜻 어떤 것이 다른 것에 가까이 가서 붙다.

축하
뜻 남의 좋은 일에 대해 기쁜 마음으로 인사하는 것.

맏형
뜻 형들 가운데 가장 나이가 많은 형.

입학
뜻 학생이 되어 공부하기 위해 학교에 들어감.

2주

시작 →

1일
[ㄴ] 소리가 덧나는 말

2일
[ㄹ] 소리가 덧나는 말

5일
실력 쑥쑥 마무리

4일
사이시옷이 붙는 말 2

3일
사이시옷이 붙는 말 1

1일 [ㄴ] 소리가 덧나는 말

 **색연필** ▶ [생년필]   색 연 필

 두 낱말이 합쳐져서 하나의 낱말이 될 때, 앞말에 받침이 있고 뒷말이 '이, 야, 여, 요, 유'이면 ㄴ이 더해져서 소리 나요. 하지만 쓸 때에는 원래대로 써야 해요.

따라쓰기

🖐 낱말을 소리 내어 읽고, 바르게 따라 쓰세요.

🔊 소리   ✏️ 쓰기

 **한입** [한닙]   한 입

 **기침약** [기침냑]   기 침 약

 **담요** [담ː뇨]   담 요

 **식용유** [시굥뉴]   식 용 유

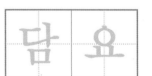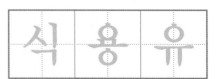

✓ 문장을 읽고, 바르게 쓴 낱말에 ◯표 하세요.

1 두꺼운 담요 / 담뇨 를 덮어요.

2 기침냑 / 기침약 을 한입에 먹어요.

🎧 불러 주는 문장을 듣고, 빈칸에 들어갈 낱말을 받아쓰세요.

3

이 부러졌어요.

4

새우를 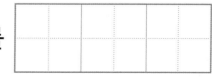 에 튀겨요.

[ㄹ] 소리가 덧나는 말

전체 듣기

풀잎

📢소리
[풀립]

✏️쓰기
풀 잎

맞춤법 강의
두 낱말이 합쳐져서 하나의 낱말이 될 때, 앞말에 ㄹ 받침이 있고 뒷말이 '이, 야, 여, 요, 유'이면 ㄹ이 더해져서 소리 나요. 하지만 쓸 때에는 원래대로 써야 해요.

따라쓰기
✏️ 낱말을 소리 내어 읽고, 바르게 따라 쓰세요.

📢소리　　✏️쓰기

 물엿　[물렫]　물 엿

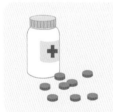 알약　[알략]　알 약

 전철역　[전ː철력]　전 철 역

 휘발유　[휘발류]　휘 발 유

확인하기
✔ 문장을 읽고, 밑줄 친 낱말이 바르면 ○표, 틀리면 ✕표 하세요.

1

물<u>렷</u>은 끈적끈적해요.

2

<u>풀</u><u>닢</u>에 이슬이 맺혀요.

3

<u>알약</u> 여러 개가 있어요.

받아쓰기
🎧 불러 주는 문장을 듣고, 빈칸에 들어갈 낱말을 받아쓰세요.

4

에서 기다려요.

5

차에

를 넣어요.

3_일 사이시옷이 붙는 말 1

🔊 소리

빗길

[비낄]
[빋낄]

✏️ 쓰기

| 빗 | 길 |

맞춤법 강의

두 낱말을 합쳐서 새로운 낱말을 만들 때 낱말과 낱말 사이에 ㅅ 받침을 쓰기도 해요.
이때 뒷말의 첫소리 ㄱ은 [ㄲ], ㄷ은 [ㄸ]으로 바뀌어서 소리 나요.

따라쓰기

✏️ 낱말을 소리 내어 읽고, 바르게 따라 쓰세요.

🔊 소리　　　✏️ 쓰기

 고깃국

[고기꾹]
[고긷꾹]

| 고 | 깃 | 국 |

 등굣길

[등교낄]
[등굗낄]

| 등 | 굣 | 길 |

 뒷다리

[뒤ː따리]
[뒫ː따리]

| 뒷 | 다 | 리 |

 바윗돌

[바위똘]
[바윋똘]

| 바 | 윗 | 돌 |

확인하기
문장을 읽고, 빈칸에 들어갈 바른 낱말을 찾아 선으로 이으세요.

1

□은
미끄러워요.

· 비길

· 빗길

2

나는 □을
좋아해요.

· 고기국

· 고깃국

3

개구리는
□가 길어요.

· 뒷다리

· 뒤다리

2주

받아쓰기
불러 주는 문장을 듣고, 빈칸에 들어갈 낱말을 받아쓰세요.

4
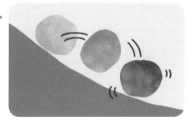
이 굴러가요.

5

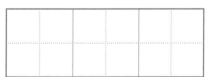
에 친구를 만나요.

사이시옷이 붙는 말 2

전체 듣기

 촛불

🔊소리

[초뿔]
[촏뿔]

✏️쓰기

촛	불

맞춤법 강의

두 낱말을 합쳐서 새로운 낱말을 만들 때 낱말과 낱말 사이에 ㅅ 받침을 쓰기도 해요.
이때 뒷말의 첫소리 ㅂ은 [ㅃ], ㅅ은 [ㅆ], ㅈ은 [ㅉ]으로 바뀌어서 소리 나요.

따라쓰기
✏️ 낱말을 소리 내어 읽고, 바르게 따라 쓰세요.

🔊소리　　　✏️쓰기

 보랏빛

[보라삗]
[보랃삗]

보	랏	빛

 콧수염

[코쑤염]
[콛쑤염]

콧	수	염

 빗자루

[비짜루]
[빋짜루]

빗	자	루

 이삿짐

[이사찜]
[이삳찜]

이	삿	짐

확인하기
문장을 읽고, 낱말을 바르게 쓴 문장에 ✓표 하세요.

1
☐ 초뿔을 켜요.
☐ 촛불을 켜요.

2
☐ 차에 이삿짐을 실어요.
☐ 차에 이사찜을 실어요.

3
☐ 옷이 보랏빛으로 물들었어요.
☐ 옷이 보라삧으로 물들었어요.

받아쓰기
불러 주는 문장을 듣고, 빈칸에 들어갈 낱말을 받아쓰세요.

4
로 바닥을 쓸어요.

5
할아버지 이 멋져요.

확인하기

밑줄 친 낱말이 바르게 쓰인 칸에 색칠하여 그림을 완성하세요.

1

바윗똘에 앉아요.

이삿짐이 많아요.

색연필로 써요.

휘발류를 사요.

알약을 삼켜요.

촛뿔이 꺼져요.

한닙만 주세요.

고깃꾹을 먹어요.

확인하기

＿＿에 들어갈 바른 낱말을 찾아 선으로 이으세요.

2

＿＿에 넘어져서 옷이 젖었어요.

· 빗길

· 빗낄

3

＿＿이 바람에 살랑살랑 흔들려요.

· 풀입

· 풀잎

받아쓰기 🎧 불러 주는 문장을 잘 듣고, 맞춤법에 주의하며 받아쓰세요.

4

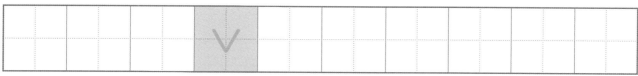

5

6

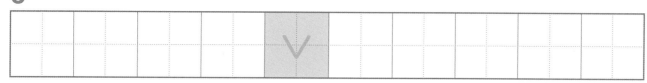

7

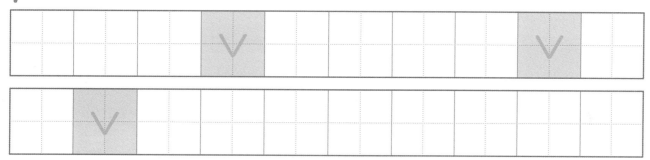

8

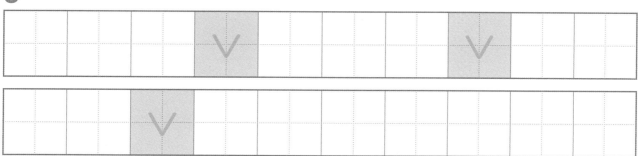

이렇게 띄어 쓰세요

'~이/가'와 같은 말은 앞말에 붙여 쓰고, 뒤에 오는 말과 띄어 써요.

🐰 이번 주에 배운 낱말을 다시 읽고, 그 뜻을 익혀 보세요.

한입

뜻 입을 한 번 크게 벌린 것.

식용유

뜻 음식을 만드는 데 사용하는 기름.

전철역

뜻 전철이 승객을 태우고 내리게 하기 위해 멈추는 정거장.

물엿

뜻 아주 묽게 끓인 엿.

휘발유

뜻 자동차, 비행기 등의 연료로 쓰이는 석유.

등굣길

뜻 학생이 학교로 가는 길.

촛불

뜻 초에 켠 불.

이삿짐

뜻 이사할 때 이사 갈 집으로 옮기는 짐.

3주

시작

 **설레다**

뜻 마음이 가라앉지 않고 들떠서 두근거리다.

예 마음이 설레다.

헤매다

뜻 길을 잃거나 무엇을 찾으려고 이리저리 돌아다니다.

예 길을 헤매다.

'설레다', '헤매다'를 '설레이다', '헤매이다'처럼 잘못 쓰는 경우가 있어요. 낱말의 원래 모양을 잘 기억하고 '-이-'를 넣어 쓰지 않도록 주의해요.

 따라쓰기
문장을 소리 내어 읽고, 낱말을 바르게 따라 쓰세요.

  잠이 오지 않아요.

우산을 쓰고 빗속을 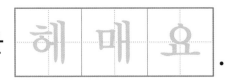.

 혼자서 숲속을 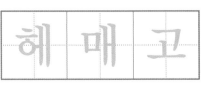 있어요.

확인하기

문장을 읽고, 밑줄 친 낱말이 바르면 ○표, 틀리면 ✕표 하세요.

1

안개 속을 <u>헤매요</u>.

2

<u>설레여서</u> 공부가 안 돼요.

3

*<u>낯선</u> 동네를 <u>헤매고</u> 다녀요.

***낯선** 익숙하지 않은.

받아쓰기

불러 주는 문장을 듣고, 빈칸에 들어갈 낱말을 받아쓰세요.

4

보물을 찾아  .

5

생각만 해도 가슴이  .

2일 쌍이다 / 좋아하다

전체 듣기

 **쌓이다**

뜻 여러 개의 물건이 겹겹이 포개져 놓이다.

예 쓰레기가 쌓이다.

좋아하다

뜻 좋게 여기거나 사랑하다.

예 꽃을 좋아하다.

맞춤법 강의

'쌓이다', '좋아하다'를 읽을 때에는 ㅎ 받침이 소리 나지 않아요. 하지만 쓸 때에는 ㅎ 받침을 살려서 써야 해요.

따라쓰기

✏ 문장을 소리 내어 읽고, 낱말을 바르게 따라 쓰세요.

책상에 먼지가 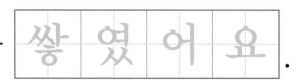 .

쌓 였 어 요

나는 공놀이를  .

좋 아 해 요

내가  가방이에요.

좋 아 하 는

확인하기
　✓ 문장을 읽고, 　　　　　안의 낱말이 바르면 ○표, 틀리면 ✕표 하세요.

1　　나는 수영을　조아해요 .　　　（　　）

2　　내가　좋아하는　바지예요.　　　（　　）

3　　눈이 수북하게　쌓였어요 .　　　（　　）

받아쓰기
　♪ 불러 주는 문장을 듣고, 빈칸에 들어갈 낱말을 받아쓰세요.

4　　음악을  .

5　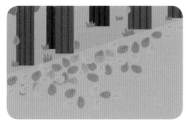　거리에 꽃잎이 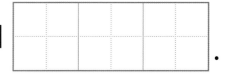 .

전체 듣기

뵈다

뜻 웃어른을 만나다.

예 어른을 뵈다.

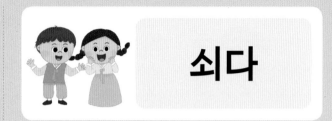

쇠다

뜻 명절이나 생일 같은 날을 맞이하여 지내다.

예 명절을 쇠다.

'뵈다', '쇠다'에 '-어요'가 붙으면 '뵈어요', '쇠어요'가 돼요. '뵈어요'와 '쇠어요'를 줄이면 '봬요', '쇄요'가 되므로, '뵈요'와 '쇠요'라고 잘못 쓰지 않도록 주의해요.

맞춤법 강의

따라쓰기

문장을 소리 내어 읽고, 낱말을 바르게 따라 쓰세요.

삼촌, 다음 주에 | 봬 | 요 | .

선생님을 | 뵈 | 러 | 교실에 가요.

할머니 댁에서 설을 | 쇄 | 요 | .

확인하기
✓ 문장을 읽고, 바르게 쓴 낱말에 ◯표 하세요.

1

임금님을 $\boxed{\begin{array}{c}\text{뵈러}\\\text{봬러}\end{array}}$ 왔어요.

2

가족과 함께 생일을 $\boxed{\begin{array}{c}\text{쇠요.}\\\text{쇄요.}\end{array}}$

3

할머니, 할아버지를 찾아 $\boxed{\begin{array}{c}\text{뵈요.}\\\text{봬요.}\end{array}}$

받아쓰기
🎧 불러 주는 문장을 듣고, 빈칸에 들어갈 낱말을 받아쓰세요.

4

추석을 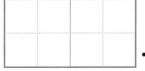 .

5

오랜만에 부모님을  .

4일 역할 / 움큼

 **역할**

 **움큼**

뜻 하기로 되어 있는 일, 또는 맡아서 하는 일.

예 역할을 나누다.

뜻 손으로 한 줌 움켜쥘 만큼의 양을 세는 말.

예 모래를 한 움큼 집다.

'역할', '움큼'을 '역활', '웅큼'이라고 잘못 쓰는 경우가 있어요. 낱말을 바르게 쓸 수 있도록 낱말의 정확한 모양을 익혀 두도록 해요.

 따라쓰기

문장을 소리 내어 읽고, 낱말을 바르게 따라 쓰세요.

 귀는 소리를 듣는  역할 을 해요.

 의사는 병을 고치는  역할 을 해요.

 과자를 한  움큼 집어서 먹어요.

✓ 문장을 읽고, 밑줄 친 낱말이 바르게 쓰인 것에 ◯표 하세요.

1

나무는 공기를 맑게 하는 역활을 해.

나무는 정말 중요한 역할을 하는구나!

3주

2

주머니에서 동전 한 웅큼을 꺼냈어.

내 주머니에는 사탕 한 움큼이 있어.

🎧 불러 주는 문장을 듣고, 빈칸에 들어갈 낱말을 받아쓰세요.

3

실 한 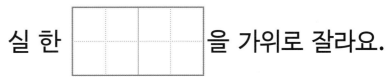 을 가위로 잘라요.

4

길을 알려 주는 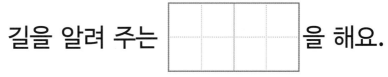 을 해요.

확인하기

✓ 빈칸에 들어갈 알맞은 낱말을 따라 벌이 꿀을 찾을 수 있도록 도와주세요.

1

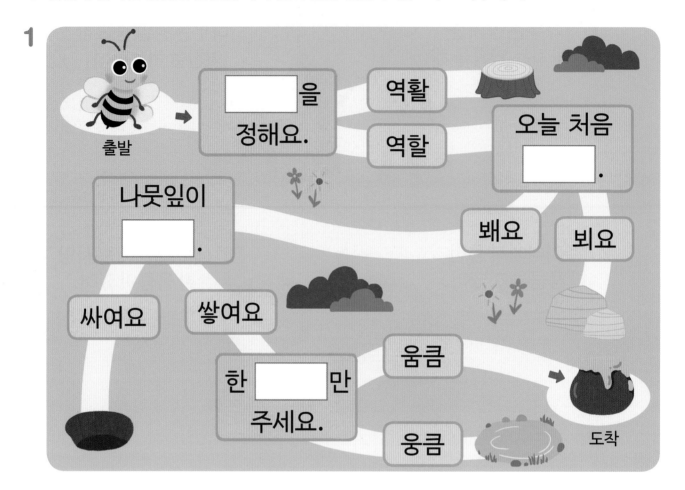

확인하기

✓ ◯◯◯에 들어갈 알맞은 낱말을 찾아 선으로 이으세요.

2

새 옷을 입고
◯◯◯.

· 설레어요

· 설레여요

3

강아지 두 마리를
찾아 ◯◯◯.

· 헤매어요

· 헤매여요

받아쓰기

불러 주는 문장을 잘 듣고, 맞춤법에 주의하며 받아쓰세요.

4

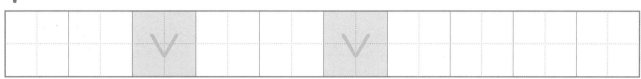

5

6

7

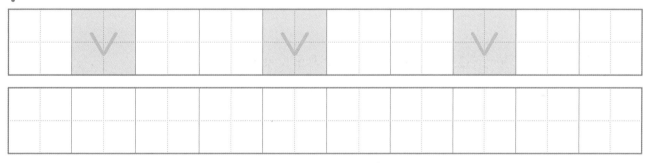

8

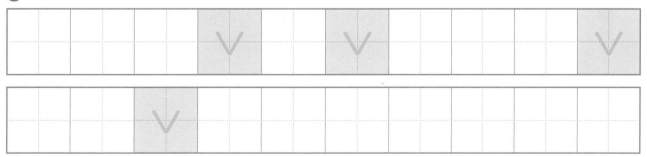

이렇게 띄어 쓰세요

'움큼', '마리'와 같이 양을 나타내거나 수를 세는 말은 앞말과 띄어 써야 해요.

🐰 이번 주에 배운 낱말을 다시 읽고, 그 뜻을 익혀 보세요.

설레다

뜻 마음이 가라앉지 않고 들떠서 두근거리다.

헤매다

뜻 길을 잃거나 무엇을 찾으려고 이리저리 돌아다니다.

쌓이다

뜻 여러 개의 물건이 겹겹이 포개져 놓이다.

좋아하다

뜻 좋게 여기거나 사랑하다.

뵈다

뜻 웃어른을 만나다.

쇠다

뜻 명절이나 생일 같은 날을 맞이하여 지내다.

역할

뜻 하기로 되어 있는 일, 또는 맡아서 하는 일.

움큼

뜻 손으로 한 줌 움켜쥘 만큼의 양을 세는 말.

4주

덥석 / 눈곱

전체 듣기

덥석

뜻 갑자기 달려들어 한 번에 물거나 꽉 잡는 모양.

예 어깨를 덥석 잡다.

눈곱

뜻 눈에서 나오는 끈끈한 액체, 또는 그것이 말라붙은 것.

예 눈곱이 끼다.

맞춤법 강의

'덥석', '눈곱'은 [덥썩], [눈꼽]과 같이 소리 나요. 하지만 쓸 때에는 원래 모양대로 써야 해요.

따라쓰기

🔊 문장을 소리 내어 읽고, 낱말을 바르게 따라 쓰세요.

빵을  베어 물어요.

세수하며  을 닦아요.

아빠께서 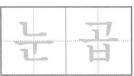 을 떼어 주셨어요.

확인하기

✓ 문장을 읽고, ⬭ 안의 낱말이 바르면 ◯표, 틀리면 ✕표 하세요.

1

손을 덥썩 잡아요.   (   )

2

눈병에 걸려서 눈꼽 이 껴요.   (   )

4주

3

물고기가 *미끼를 덥석 물어요. (   )

***미끼** 물고기나 동물을 잡기 위해 사용하는 먹이.

받아쓰기

🎧 불러 주는 문장을 듣고, 빈칸에 들어갈 낱말을 받아쓰세요.

4

누나가 가방을 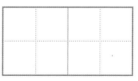 받아요.

5

늦잠을 자서  도 못 떴어요.

눈썹 / 빛깔

전체 듣기

 눈썹

뜻 눈두덩 위에 가로로 길게 모여 난 짧은 털.

예 눈썹이 짙다.

빛깔

뜻 물체가 빛을 받아 나타내는 빛.

예 분홍 빛깔을 칠하다.

맞춤법 강의

'눈썹', '빛깔'을 쓸 때 잘못 쓰는 경우가 많아요. 낱말의 모양을 잘못 알고 '눈섭', '빛갈'로 쓰지 않도록 주의해야 해요.

 따라쓰기
문장을 소리 내어 읽고, 낱말을 바르게 따라 쓰세요.

 화가 나서  눈 썹 을 찡그려요.

 고운  빛 깔 의 한복을 입어요.

 하늘이 붉은  빛 깔 로 물들어요.

확인하기
✓ **문장을 읽고, 밑줄 친 낱말이 바르게 쓰인 것에 ◯표 하세요.**

1

할아버지는 눈섭이
하얘.

동생은 눈썹이
까매.

2

잎이 노란 빛깔로
바뀌었어.

빛갈이 정말
아름다워!

 받아쓰기
🎧 **불러 주는 문장을 듣고, 빈칸에 들어갈 낱말을 받아쓰세요.**

3

무지개는 일곱 ⬚⬚⬚ 이에요.

4

앞머리가 ⬚⬚⬚ 까지 내려와요.

3일 늘리다 / 늘이다

전체 듣기

늘리다

뜻 더 많거나 크거나 세거나 길어지게 하다.

예 수를 늘리다.

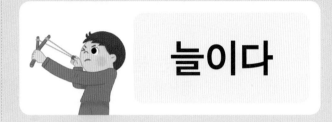
늘이다

뜻 길게 만들다.

예 고무줄을 늘이다.

'늘리다'는 넓이나 크기 등을 커지게 하거나 시간이나 수량 등을 많아지게 할 때 쓰고, '늘이다'는 길이를 더 길어지게 할 때 쓴다는 것을 기억하면 구별하기 쉬워요.

맞춤법 강의

따라쓰기

✏️ 문장을 소리 내어 읽고, 낱말을 바르게 따라 쓰세요.

공부 시간을

늘려요 .

운동장 크기를

늘렸어요 .

고무줄을 잡아당겨서
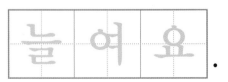
늘여요 .

확인하기
✓ 문장을 읽고, 알맞은 낱말에 ◯표 하세요.

1

학생 수를

늘렸어요.

늘였어요.

2

키가 자라서 바지를

늘려요.

늘여요.

3

대회에 나가려고 몸무게를

늘려요.

늘여요.

받아쓰기
🎧 불러 주는 문장을 듣고, 빈칸에 들어갈 낱말을 받아쓰세요.

4

밥 양을

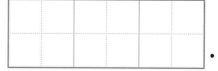

.

5

소매를 길게

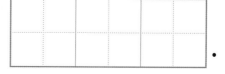

.

맞추다 / 맞히다

전체 듣기

맞추다

뜻 서로 떨어져 있는 부분을 제자리에 맞게 대어 붙이다.

예 퍼즐을 맞추다.

$3×8$
$= 24$

맞히다

뜻 문제에 대한 답을 틀리지 않게 하다.

예 답을 맞히다.

맞춤법 강의

'맞추다'와 '맞히다'는 글자 모양이 비슷해서 헷갈리기 쉬우므로, 두 낱말의 뜻을 정확히 알고 구별해서 써야 해요.

따라쓰기

문장을 소리 내어 읽고, 낱말을 바르게 따라 쓰세요.

문짝을 문틀에  달아요.

맞 추 어

*부품을  로봇을 만들어요.

맞 춰 서

*부품 기계 등에서 어떤 부분에 쓰는 물건.

정답을  선물을 받았어요.

맞 혀 서

✔ 문장을 읽고, 알맞은 낱말에 ○표 하세요.

1 찢어진 시험지를 맞히어 / 맞추어 보았어요.

2 열 문제를 다 맞혀서 / 맞춰서 기분이 좋아요.

🎧 불러 주는 문장을 듣고, 빈칸에 들어갈 낱말을 받아쓰세요.

3  깨진 조각을 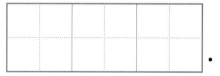 .

4  수수께끼 정답을  .

✓ 밑줄 친 낱말이 바르게 쓰인 감자와 고구마를 찾아 ○표 하세요.

1

옷을 덥석 집어요.

빛갈이 참 예뻐요.

눈꼽을 닦아요.

눈썹을 꿈틀거려요.

딱 맞추어 붙여요.

집 크기를 늘여요.

✓ 〔 〕에 들어갈 알맞은 낱말을 찾아 선으로 이으세요.

2

답을 모두 〔 〕 깜짝 놀랐어요.

· 맞춰서

· 맞혀서

3

아저씨가 엿가락을 길게 〔 〕.

· 늘려요

· 늘여요

받아쓰기 불러 주는 문장을 잘 듣고, 맞춤법에 주의하며 받아쓰세요.

4

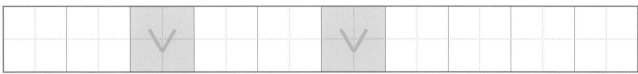

5

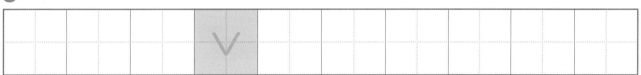

6

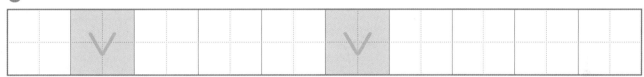

7

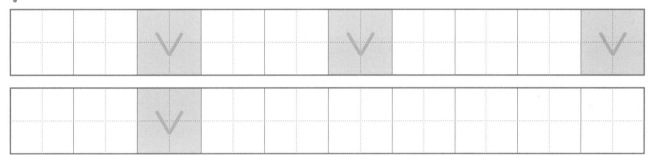

8

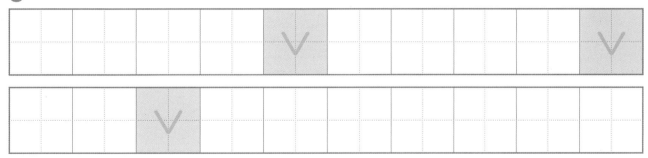

이렇게 띄어 쓰세요

‘덥석’, ‘딱’, ‘모두’는 혼자서 쓸 수 있는 낱말이므로 앞뒤 낱말과 띄어 써야 해요.

🐰 이번 주에 배운 낱말을 다시 읽고, 그 뜻을 익혀 보세요.

덥석

뜻 갑자기 달려들어 한 번에 물거나 꽉 잡는 모양.

눈곱

뜻 눈에서 나오는 끈끈한 액체, 또는 그것이 말라붙은 것.

눈썹

뜻 눈두덩 위에 가로로 길게 모여 난 짧은 털.

빛깔

뜻 빛을 받아 물체가 나타내는 빛.

늘리다

뜻 더 많거나 크거나 세거나 길어지게 하다.

늘이다

뜻 길게 만들다.

맞추다

뜻 서로 떨어져 있는 부분을 제자리에 맞게 대어 붙이다.

$$3 \times 8 = \boxed{24}$$

맞히다

뜻 문제에 대한 답을 틀리지 않게 하다.

5주

시작

1일
담그다 / 잠그다

2일
들르다 / 들리다

5일
실력 쑥쑥 마무리

4일
너머 / 넘어

3일
이따가 / 있다가

1일 담그다 / 잠그다

전체 듣기

담그다

뜻 물과 같이 흐르는 것 속에 넣다.

예 강물에 발을 담그다.

잠그다

뜻 문 같은 것을 자물쇠 등으로 열리지 않게 하다.

예 서랍을 잠그다.

맞춤법 강의

'담그다'와 '잠그다'를 '담구다', '잠구다'처럼 잘못 쓰는 경우가 많아요. 낱말의 원래 모양을 잘 기억하고 알맞게 구별해서 써야 해요.

따라쓰기

 문장을 소리 내어 읽고, 낱말을 바르게 따라 쓰세요.

욕조에 몸을  .

담가요

창문을  .

잠가요

현관문을 꼭 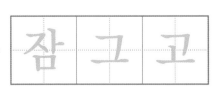 다녀요.

잠그고

확인하기
✔ 문장을 읽고, 빈칸에 들어갈 알맞은 낱말을 찾아 선으로 이으세요.

1  따뜻한 물에 녹차를 [   ] .

· 담가요

· 담궈요

2  문고리를 걸어 [   ] .

· 잠가요

· 잠궈요

3  *금고를 [   ] 있어요.

· 잠구고

· 잠그고

*금고 중요한 것을 보관하는 데 쓰는 상자.

받아쓰기
🎧 불러 주는 문장을 듣고, 빈칸에 들어갈 낱말을 받아쓰세요.

4  자전거 자물쇠를 [   ] .

5  따뜻한 물에 손을 [   ] .

2일 들르다 / 들리다

 들르다

뜻 지나가는 길에 잠깐 들어가 머무르다.

예 공원에 들르다.

 들리다

뜻 소리가 들어지다.

예 음악 소리가 들리다.

'들르다'와 '들리다'는 글자 모양은 비슷하지만 뜻이 서로 달라요. '들르다'는 장소와 관련된 낱말이고, '들리다'는 소리와 관련된 낱말이므로 구별해서 써야 해요.

따라쓰기

 문장을 소리 내어 읽고, 낱말을 바르게 따라 쓰세요.

 가게에  과자를 사요.

 머리를 자르러 미용실에 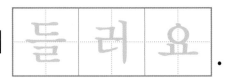 .

 아름다운 새소리가  .

확인하기

✓ 문장을 읽고,   안의 낱말이 바르면 ○표, 틀리면 ✕표 하세요.

1

커다란 배가 *항구에   들러요 .   (   )

*항구 바닷가에 배가 닿고 떠날 수 있도록 만든 시설이 있는 곳.

2

우체국에   들려   편지를 보내요.   (   )

5주

3

시끄러운 *폭죽 소리가   들려요 .   (   )

*폭죽 터뜨려서 소리가 나고 불꽃이 일어나게 하는 물건.

받아쓰기

🎧 불러 주는 문장을 듣고, 빈칸에 들어갈 낱말을 받아쓰세요.

4

집에 잠깐  .

5

피아노 소리가 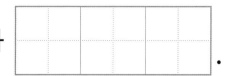 .

3일 이따가 / 있다가

전체 듣기

이따가

뜻 조금 지난 뒤에.

예 이따가 다시 만나요.

있다가

뜻 어느 곳에서 떠나거나 벗어나지 않고 머물다가.

예 병원에 있다가 약국에 가요.

'이따가'와 '있다가'는 읽을 때 소리가 비슷해서 잘못 쓰기 쉬워요. '이따가'는 시간과 관련된 낱말이고, '있다가'는 장소와 관련된 낱말임을 기억해 두세요.

따라쓰기
문장을 소리 내어 읽고, 낱말을 바르게 따라 쓰세요.

간식은 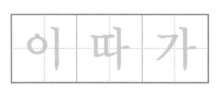 먹을게요.

지금은 바쁘니까  말해요.

화장실에 좀 더  나갈게요.

확인하기
문장을 읽고, 밑줄 친 낱말이 알맞게 쓰인 것에 ○표 하세요.

1

고양이가 어디에 있<u>다가</u> 나왔니?

상자 안에 숨어 이<u>따가</u> 나왔어요.

2

<u>있다가</u> 날씨는 어때?

<u>이따가</u> 비가 온대. 우산을 가져가자.

받아쓰기
불러 주는 문장을 듣고, 빈칸에 들어갈 낱말을 받아쓰세요.

3

수영장에 더 ⬚⬚⬚⬚ 가요.

4

놀이터는 ⬚⬚⬚ 가려고요.

4일 너머 / 넘어

전체 듣기

너머

뜻 어디를 넘어서 저쪽 건너편.

예 구름 너머로 무지개가 보여요.

넘어

뜻 높은 곳이나 어떤 경계를 지나거나 건너.

예 산을 넘어 다른 마을로 가요.

'너머'와 '넘어'는 읽을 때 소리가 같아서 잘못 쓰기 쉬워요. '너머'는 장소를 나타내는 낱말이고, '넘어'는 행동을 나타내는 낱말임을 기억해 두세요.

맞춤법 강의

따라쓰기

문장을 소리 내어 읽고, 낱말을 바르게 따라 쓰세요.

강  에 친구가 살아요.

참새가 언덕  로 날아가요.

도둑이 담을 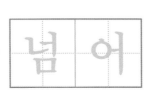 다녀요.

확인하기
✓ 문장을 읽고, 알맞은 낱말에 ○표 하세요.

5_주

1 산   너머   /   넘어   에는 도시가 있어요.

2 새가 높은 건물을   너머   /   넘어   날아가요.

받아쓰기
🎧 불러 주는 문장을 듣고, 빈칸에 들어갈 낱말을 받아쓰세요.

3

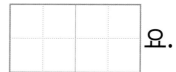
거친 파도를 ⬜⬜⬜⬜ 요.

4

창문 ⬜⬜⬜ 로 눈이 보여요.

확인하기
✔ 밑줄 친 낱말이 바르게 쓰인 물고기에 ◯표 하여 물고기를 잡을 수 있게 도와주세요.

1

확인하기
✔ ＿＿＿ 에 들어갈 바른 낱말을 찾아 선으로 이으세요.

2

차가운 물에
옷을 ＿＿＿＿ .

· 담가요

· 담궈요

3

책을 사러
작은 서점에 ＿＿＿＿ .

· 들러요

· 들려요

받아쓰기 🎧 **불러 주는 문장을 잘 듣고, 맞춤법에 주의하며 받아쓰세요.**

4

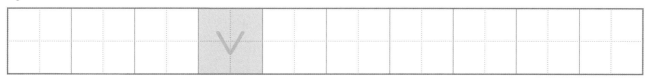

5

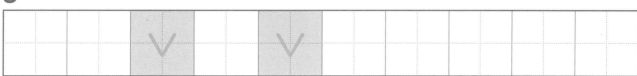

6

7

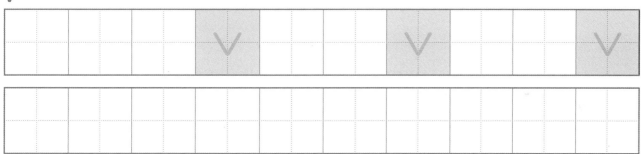

8

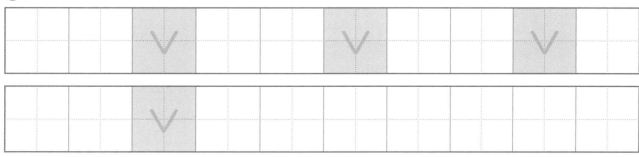

이렇게 띄어 쓰세요

'차가운', '작은'처럼 꾸며 주는 말은 꾸밈을 받는 말과 띄어 써요.

🐰 이번 주에 배운 낱말을 다시 읽고, 그 뜻을 익혀 보세요.

담그다
뜻 물과 같이 흐르는 것 속에 넣다.

잠그다
뜻 문 같은 것을 자물쇠 등으로 열리지 않게 하다.

들르다
뜻 지나가는 길에 잠깐 들어가 머무르다.

들리다
뜻 소리가 들어지다.

이따가
뜻 조금 지난 뒤에.

있다가
뜻 어느 곳에서 떠나거나 벗어나지 않고 머물다가.

너머
뜻 어디를 넘어서 저쪽 건너편.

넘어
뜻 높은 곳이나 어떤 경계를 지나거나 건너.

6주 **75**

시작

1일
벌리다 / 벌이다

2일
조리다 / 졸이다

5일
실력 쑥쑥 마무리

4일
저리다 / 절이다

3일
다리다 / 달이다

벌리다 / 벌이다

벌리다

뜻 서로 가까이 있는 둘 사이를 떼어서 넓히다.

예 문틈을 벌리다.

벌이다

뜻 일을 계획하여 시작하거나 펼쳐 놓다.

예 생일잔치를 벌이다.

맞춤법 강의

'벌리다'와 '벌이다'는 글자 모양이 비슷해서 잘못 쓰기 쉬워요. 하지만 사용하는 때가 다르므로, 각각의 뜻을 잘 알아 두고 알맞게 구별해서 써요.

따라쓰기

문장을 소리 내어 읽고, 낱말을 바르게 따라 쓰세요.

팔을  동생을 안아요.

치과에서 입을 크게  .

집 앞에서 *공사를 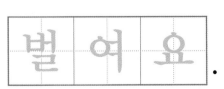 .

*공사 시설이나 건물 등을 짓거나 고치는 것.

확인하기

✓ 문장을 읽고, 알맞은 낱말에 ◯표 하세요.

6주

1

노래 자랑 대회를

벌려요.

벌여요.

2

나무 심기 운동을

벌려요.

벌여요.

3

두 팔을 크게

벌려

벌여

막아요.

받아쓰기

🎧 불러 주는 문장을 듣고, 빈칸에 들어갈 낱말을 받아쓰세요.

4

달리기 시합을  .

5

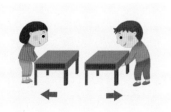

책상과 책상 사이를  .

조리다 / 졸이다

전체 듣기

조리다

뜻 양념을 한 재료를 끓여서 양념이 배어들게 하다.

예 생선을 조리다.

졸이다

뜻 몹시 불안하거나 조마조마하여 애를 태우다.

예 마음을 졸이다.

맞춤법 강의

'조리다'와 '졸이다'는 읽을 때 소리가 [조리다]로 같아서 잘못 쓰기 쉬우므로 두 낱말의 뜻을 정확히 알고 구별해서 써야 해요.

따라쓰기

✏️ 문장을 소리 내어 읽고, 낱말을 바르게 따라 쓰세요.

 돼지고기를 간장에  조려요.

 아기를 보며 마음을 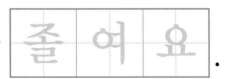 졸여요.

 모래성이 무너질까 봐 가슴을 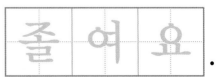 졸여요.

확인하기

✓ 문장을 읽고, ⬚ 안의 낱말이 바르면 ◯표, 틀리면 ✕표 하세요.

1

프라이팬에 멸치를 조려요 .   (   )

2

축구를 보며 가슴을 졸여요 .   (   )   6주

3

혼이 날까 봐 마음을 조려요 .   (   )

받아쓰기

🎧 불러 주는 문장을 듣고, 빈칸에 들어갈 낱말을 받아쓰세요.

4

두부를 양념에  .

5

비 소식에 마음을  .

다리다 / 달이다

전체 듣기

다리다

뜻 옷이나 천의 구겨진 곳을 펴기 위해 다리미로 문지르다.

예 옷을 다리다.

달이다

뜻 물에 든 것이 진하게 되거나 우러나도록 끓이다.

예 약을 달이다.

맞춤법 강의

'다리다'와 '달이다'는 읽을 때 소리가 같아서 잘못 쓰기 쉬워요. 옷이나 천은 다리는 것이고, 약이나 액체는 달이는 것임을 기억해 두세요.

따라쓰기
문장을 소리 내어 읽고, 낱말을 바르게 따라 쓰세요.

셔츠를  다 려 요 .

다리미로 바지를 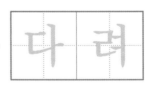 다 려 주세요.

*찻잎을 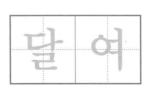 달 여 마셔요.

*찻잎 차나무의 잎. 대게 물에 우려내 차로 마신다.

확인하기
문장을 읽고, 빈칸에 들어갈 알맞은 낱말을 찾아 선으로 이으세요.

1

내일 입을
원피스를 [　　].

· 다려요

· 달여요

2

구겨진 옷을
[　　] 입어요.

· 다려

· 달여

3

할머니께 *산삼을
[　　] 드려요.

· 다려

· 달여

*산삼 깊은 산속에서 자라는 약으로 쓰는 풀.

받아쓰기
불러 주는 문장을 듣고, 빈칸에 들어갈 낱말을 받아쓰세요.

4

*약초를 정성껏  .

*약초 약으로 쓰는 풀.

5

치마를 반듯하게 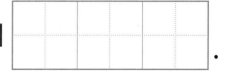 .

6주 3일 **81**

 **4일** # 저리다 / 절이다

전체 듣기

저리다

뜻 뼈나 몸이 오래 눌려서 느낌이 둔하다.

예 종아리가 저리다.

절이다

뜻 생선이나 채소에 소금, 식초, 설탕 따위가 배어들게 하다.

예 오이를 식초에 절이다.

맞춤법 강의

'저리다'와 '절이다'는 읽을 때 소리가 같아서 잘못 쓰기 쉬워요. '저리다'는 몸과 관련된 낱말이고, '절이다'는 음식과 관련된 낱말이므로 뜻을 생각하며 구별해서 써요.

따라쓰기
 문장을 소리 내어 읽고, 낱말을 바르게 따라 쓰세요.

손가락이  주물러요.

짐이 무거워서 팔이 .

소금으로 고등어를  요리해요.

확인하기
☑️ **문장을 읽고, 알맞은 낱말을 사용한 문장에 ✔표 하세요.**

1

☐ 다리가 저려 걸을 수가 없어요.
☐ 다리가 절여 걸을 수가 없어요.

2

☐ 매실을 저려 *장아찌를 만들어요.
☐ 매실을 절여 장아찌를 만들어요.

***장아찌** 채소를 소금·간장 등에 절였다가 양념을 하여 오래 두고 먹는 반찬.

3

☐ 배추를 소금에 저려 김치를 담가요.
☐ 배추를 소금에 절여 김치를 담가요.

받아쓰기
🎧 **불러 주는 문장을 듣고, 빈칸에 들어갈 낱말을 받아쓰세요.**

4

발이 ⬚⬚⬚⬚ .

5

딸기를 설탕에 ⬚⬚⬚⬚ .

학인하기
✓ 빈칸에 들어갈 알맞은 낱말을 따라 친구가 학교에 갈 수 있게 도와주세요.

1

출발

손발이

축제를

절여요

저려요

벌려요

벌여요

감자를

조려요

졸여요

도착

학인하기
✓ 　　　 에 들어갈 알맞은 낱말을 찾아 선으로 이으세요.

2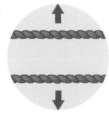

줄과 줄 사이를
넓게 　　　 .

· 벌려요

· 벌여요

3

아픈 동생을 위해
한약을 　　　 .

· 다렸어요

· 달였어요

받아쓰기 불러 주는 문장을 잘 듣고, 맞춤법에 주의하며 받아쓰세요.

4

5

6

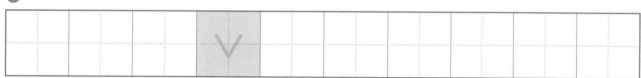

7

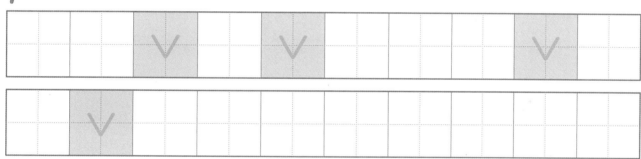

8

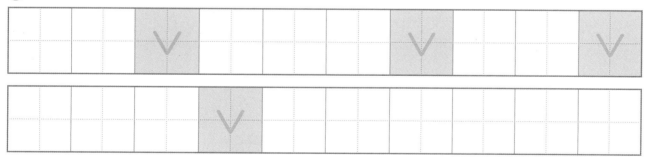

이렇게 띄어 쓰세요

'넓게', '아픈'과 같이 꾸며 주는 말은 꾸밈을 받는 말과 띄어 써요.

🐰 이번 주에 배운 낱말을 다시 읽고, 그 뜻을 익혀 보세요.

벌리다

뜻 서로 가까이 있는 둘 사이를 떼어서 넓히다.

벌이다

뜻 일을 계획하여 시작하거나 펼쳐 놓다.

조리다

뜻 양념을 한 재료를 끓여서 양념이 배어들게 하다.

졸이다

뜻 몹시 불안하거나 조마조마하여 애를 태우다.

다리다

뜻 옷이나 천의 구겨진 곳을 펴기 위해 다리미로 문지르다.

달이다

뜻 물에 든 것이 진하게 되거나 우러나도록 끓이다.

저리다

뜻 뼈나 몸이 오래 눌려서 느낌이 둔하다.

절이다

뜻 생선이나 채소에 소금, 식초, 설탕 따위가 배어들게 하다.

7주

→

시작

1일
좇다 / 쫓다

2일
웬 / 왠지

5일
실력 쑥쑥 마무리

4일
오랜만 / 오랫동안

3일
봉오리 / 봉우리

좇다 / 쫓다

전체 듣기

좇다

뜻 남의 말이나 어떤 생각을 따르다.

예 선생님의 가르침을 좇다.

쫓다

뜻 뒤를 따르거나 남아 있는 자국을 따라가다.

예 경찰이 도둑을 쫓다.

맞춤법 강의

'좇다'와 '쫓다'는 글자 모양이 비슷해서 잘못 쓰기 쉬워요. 하지만 사용하는 때가 다르므로, 각각의 뜻을 잘 알아 두고 알맞게 구별해서 써요.

따라쓰기

문장을 소리 내어 읽고, 낱말을 바르게 따라 쓰세요.

할아버지의 뜻을  살아요.

언니를  놀이터에 왔어요.

강아지가 고양이를 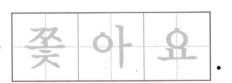 .

확인하기

✓ 문장을 읽고, 밑줄 친 낱말이 바르면 ○표, 틀리면 ✕표 하세요.

1

친구를 몰래 쫓아요.

2

농구공을 좇아 뛰어요.

3

세종 대왕을 좇아 책을 읽어요.

받아쓰기

🎧 불러 주는 문장을 듣고, 빈칸에 들어갈 낱말을 받아쓰세요.

4

늘대가 양을
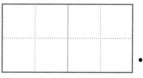
.

5

부모님의 말씀을

.

2일 웬 / 왠지

전체 듣기

웬

뜻 어찌 된. 어떠한.

예 웬 떡이야?

왠지

뜻 왜 그런지 모르게. 또는 뚜렷한 이유도 없이.

예 왠지 더 맛있어 보여요.

맞춤법 강의

'왠'과 '웬'이 헷갈릴 때에는 문장에 '왜 그런지'를 넣어 봐요. 이때 문장이 자연스러우면 '왠지'를 쓰고, 자연스럽지 않으면 '웬'을 쓴다는 것을 기억하고 구별해서 써요.

따라쓰기

 문장을 소리 내어 읽고, 낱말을 바르게 따라 쓰세요.

 *웬 일로 일찍 일어났니?

*웬일 어찌 된 일. 무슨 까닭.

갑자기 아이가 튀어나왔어요.

내일은  비가 올 것 같아요.

문장을 읽고, 알맞은 낱말에 ○표 하세요.

1

> 왠지
>
> 웬지

모르게 눈물이 나요.

2

> 왠
>
> 웬

모기가 이렇게 많아?

3

네가
> 왠
>
> 웬
일로 먹을 것을 주니?

 불러 주는 문장을 듣고, 빈칸에 들어갈 낱말을 받아쓰세요.

4

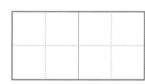

*수상해 보여요.

*수상해 보통과 달라 의심이 생기고 이상해.

5

늑대가 우리 마을에 왔어요.

봉오리 / 봉우리

봉오리

뜻 망울만 맺히고 아직 피지 않은 꽃.

예 봉오리가 맺혔어요.

봉우리

뜻 산에서 뾰족하게 높이 솟은 부분.

예 봉우리에 올라가요.

'봉오리'와 '봉우리'는 글자 모양이 비슷해서 잘못 쓰기 쉬워요. '봉오리'는 '꽃봉오리', '봉우리'는 '산봉우리'와 같은 말이라는 것을 기억하고 구별해서 써요.

따라쓰기
 문장을 소리 내어 읽고, 낱말을 바르게 따라 쓰세요.

꽃 | 봉 | 오 | 리 |는 봄을 알려요.

산 | 봉 | 우 | 리 |에 구름이 걸렸어요.

가장 높은 | 봉 | 우 | 리 |까지 올라가요.

확인하기
✔ 문장을 읽고, 밑줄 친 낱말이 바르면 ○표, 틀리면 ✕표 하세요.

1 동네에 작은 <u>봉우리</u>가 있어요.   (   )

2 <u>봉우리</u>가 가지에 맺혀 있어요.   (   )

3 <u>봉오리</u>에서 내려다보는 풍경이 아름다워요.   (   )

받아쓰기
 불러 주는 문장을 듣고, 빈칸에 들어갈 낱말을 받아쓰세요.

4

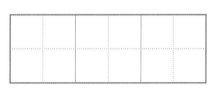 가 벌어지고 있어요.

5

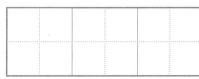 가 우뚝 솟아 있어요.

오랜만 / 오랫동안

전체 듣기

오랜만

뜻 어떤 일이 있은 때로부터 긴 시간이 지난 뒤.

예 친구를 오랜만에 만나요.

오랫동안

뜻 매우 긴 시간 동안.

예 오랫동안 좋아했어요.

맞춤법 강의

'오랜만'은 '오래간만'의 줄임말로 ㄴ 받침을 써요. 하지만 '오랫동안'은 '오래'와 '동안'을 합친 말로, 낱말과 낱말 사이에 ㅅ 받침이 들어가요.

 따라쓰기

문장을 소리 내어 읽고, 낱말을 바르게 따라 쓰세요.

 에 목욕탕에 가요.

 에 할머니 댁에 가요.

 서 있어서 힘들어요.

확인하기

✓ 문장을 읽고, 알맞은 낱말을 사용한 문장에 ✓표 하세요.

1

☐ 오랜동안 앓던 병이 나았어요.
☐ 오랫동안 앓던 병이 나았어요.

2

☐ 오랜만에 산책해서 기분이 좋아요.
☐ 오랫만에 산책해서 기분이 좋아요.

3

☐ 오랜동안 정들었던 유치원을 떠나요.
☐ 오랫동안 정들었던 유치원을 떠나요.

받아쓰기

⌒ 불러 주는 문장을 듣고, 빈칸에 들어갈 낱말을 받아쓰세요.

4

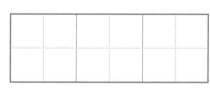 에 운동을 해요.

5

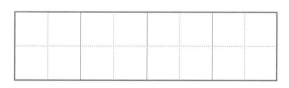 기다렸어요.

확인하기
✓ 빈칸에 들어갈 알맞은 낱말이 쓰여 있는 조개를 찾아 점선을 이으세요.

1

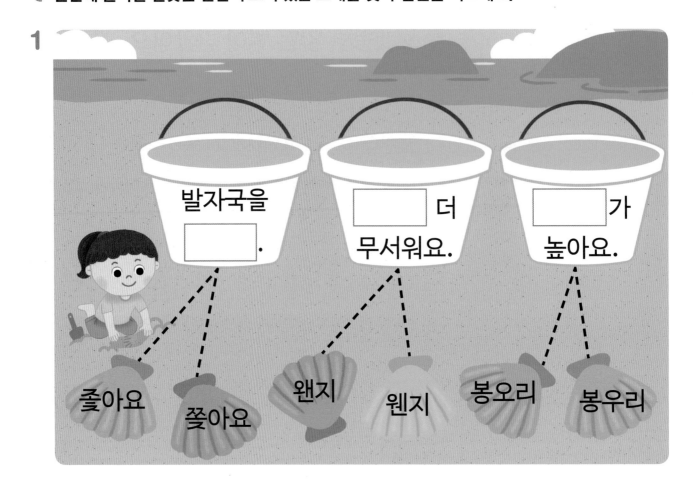

발자국을
☐.

☐ 더
무서워요.

☐ 가
높아요.

졷아요

쫓아요

왠지

웬지

봉오리

봉우리

확인하기
✓ ☐ 에 들어갈 알맞은 낱말을 찾아 선으로 이으세요.

2

☐ 에
채소와 과일을 사요.

· 오랜만

· 오랫만

3

☐ 교실과 복도를
청소해요.

· 오랜동안

· 오랫동안

받아쓰기
🎧 불러 주는 문장을 잘 듣고, 맞춤법에 주의하며 받아쓰세요.

7주

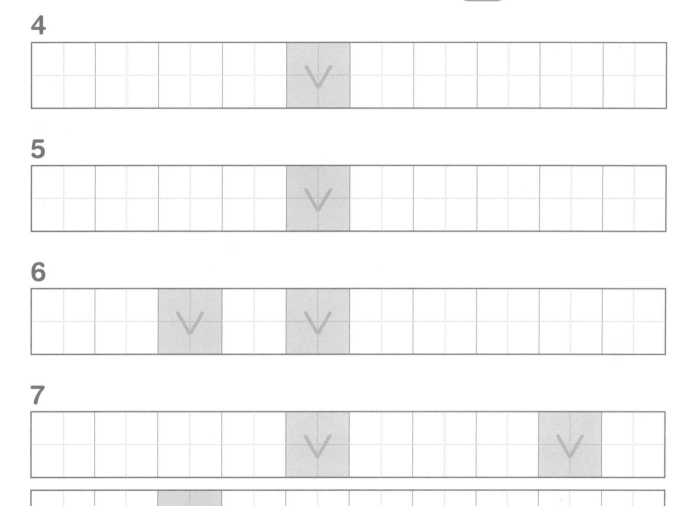

4

5

6

7

8

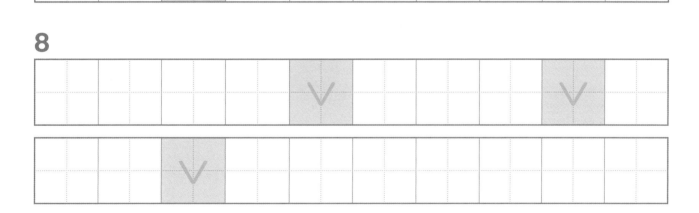

이렇게 띄어 쓰세요

'~와/과'와 같은 말은 앞말에 붙여 쓰고, 뒤에 오는 말과 띄어 써요.

🖐 이번 주에 배운 낱말을 다시 읽고, 그 뜻을 익혀 보세요.

좇다

뜻 남의 말이나 어떤 생각을 따르다.

쫓다

뜻 뒤를 따르거나 남아 있는 자국을 따라가다.

웬

뜻 어찌 된. 어떠한.

왠지

뜻 왜 그런지 모르게. 또는 뚜렷한 이유도 없이.

봉오리

뜻 망울만 맺히고 아직 피지 않은 꽃.

봉우리

뜻 산에서 뾰족하게 높이 솟은 부분.

오랜만

뜻 어떤 일이 있은 때로부터 긴 시간이 지난 뒤.

오랫동안

뜻 매우 긴 시간 동안.

8주

담다

🔵 뜻 무엇을 그릇 따위에 넣다.

🔵 예 항아리에 물을 담다.

닮다

🔵 뜻 서로 비슷한 생김새나 성질을 지니다.

🔵 예 아이가 부모님을 닮다.

'담다'와 '닮다'는 읽을 때 소리는 같지만 뜻이 서로 달라요. 받침에 따라 다른 낱말이 되므로 알맞게 구별해서 써요.

 따라쓰기
✏️ 문장을 소리 내어 읽고, 낱말을 바르게 따라 쓰세요.

과일을 바구니에 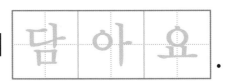 담아요 .

아빠는 나와 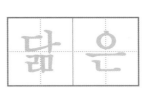 닮은 데가 많아요.

해와 달은 모양이 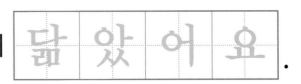 닮았어요 .

확인하기
✓ **문장을 읽고, 밑줄 친 낱말이 바르면 ○표, 틀리면 ✕표 하세요.**

1 불가사리를 *양동이에 <u>닮아요</u>.   (   )

　　*양동이 얇은 쇠붙이로 만들었으며, 한 손으로 들 수 있도록 손잡이를 단 통.

2 언니와 나는 쌍둥이처럼 <u>닮았어요</u>.   (   )

3 하늘에 불가사리와 <u>담은</u> 별이 있어요.   (   )

받아쓰기
∩ **불러 주는 문장을 듣고, 빈칸에 들어갈 낱말을 받아쓰세요.**

4

　　　*자루에 감자를 ☐☐☐.

　　*자루 속에 물건을 담을 수 있도록 헝겊 따위로 길고 크게 만든 주머니.

5

형과 눈썹 모양이 ☐☐☐.

2일 거치다 / 걷히다

전체 듣기

거치다

뜻 오가는 길에 어떤 장소를 지나거나 들르다.

예 위험한 길을 거치다.

걷히다

뜻 구름이나 안개 따위가 흩어져 없어지다.

예 안개가 걷히다.

맞춤법 강의

'거치다'와 '걷히다'는 똑같이 [거치다]로 소리 나서 잘못 쓰기 쉬워요. 각각의 뜻을 잘 알아 두고, 알맞게 구별해서 써요.

✏️ **따라쓰기**
문장을 소리 내어 읽고, 낱말을 바르게 따라 쓰세요.

부엌에 갈 때 거실을  .

병원과 우체국을  시장에 가요.

*황사가  뒤에 소풍을 가요.

*황사 봄철, 바람을 따라 중국에서 우리나라로 날아오는 누런 모래.

확인하기
✔ 문장을 읽고, ⬜ 안의 낱말이 바르면 ○표, 틀리면 ✕표 하세요.

1

서울 → 수원 → 대구

기차는 수원을 거쳐 가요.   (   )

2

집에 갈 때 골목길을 걷혀요 .   (   )

3

구름 걷힌 하늘에 해가 떴어요.   (   )

받아쓰기
🎧 불러 주는 문장을 듣고, 빈칸에 들어갈 낱말을 받아쓰세요.

4

연기가 ⬜⬜⬜⬜⬜ .

5

가는 길에 꽃집을  .

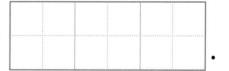

3일 안치다 / 앉히다

전체 듣기

 **안치다**

 **앉히다**

뜻 재료를 솥이나 냄비 따위에 넣고 불 위에 올리다.

예 밥을 안치다.

뜻 누구를 어디에 앉게 하다.

예 아이를 무릎에 앉히다.

맞춤법 강의

'안치다'와 '앉히다'는 읽을 때 소리는 같지만 뜻이 서로 달라요. 각각의 뜻을 잘 알아 두고, 알맞게 구별해서 써요.

따라쓰기

문장을 소리 내어 읽고, 낱말을 바르게 따라 쓰세요.

 물을 냄비에 넣어  안 쳐 요 .

 된장찌개를  안 쳐 놓았어요.

 학생을 자리에  앉 혀 요 .

확인하기
✓ 문장을 읽고, 알맞은 낱말에 ◯표 하세요.

1

솥에 고구마를

안쳐요.

앉혀요.

2

아기를 이불 위에

안쳐요.

앉혀요.

3

빈 자리에 친구를

안쳐요.

앉혀요.

받아쓰기
🎧 불러 주는 문장을 듣고, 빈칸에 들어갈 낱말을 받아쓰세요.

4

떡을  .

5

동생을 유모차에 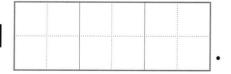 .

4일 해어지다 / 헤어지다

 해어지다

뜻 옷이나 신발 등이 다 닳아서 구멍이 나거나 찢어지다.

예 운동화가 해어지다.

헤어지다

뜻 같이 있던 사람과 서로 떨어지다.

예 가족들과 헤어지다.

 맞춤법 강의

'해어지다'와 '헤어지다'는 글자 모양이 비슷해서 잘못 쓰기 쉬워요. '옷이 헤어지다.', '친구와 해어지다.'는 잘못된 표현이므로 뜻을 생각하며 알맞게 구별해서 써요.

따라쓰기
문장을 소리 내어 읽고, 낱말을 바르게 따라 쓰세요.

 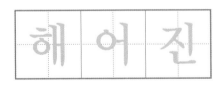 양말을 꿰맸어요.

해 어 진

 옷소매가 해 어 졌 어 요 .

 집에 가려고 친구와 헤 어 져 요 .

확인하기

✓ 문장을 읽고, 알맞은 낱말을 사용한 문장에 ✓표 하세요.

1

☐ 바지가 해어졌어요.
☐ 바지가 헤어졌어요.

2

☐ 해어진 외투를 세탁소에 맡겨요.
☐ 헤어진 외투를 세탁소에 맡겨요.

3

☐ 학교를 졸업하면 선생님과 해어져요.
☐ 학교를 졸업하면 선생님과 헤어져요.

받아쓰기

🎧 불러 주는 문장을 듣고, 빈칸에 들어갈 낱말을 받아쓰세요.

4

운동복이

5

*갈림길에서

*갈림길 여러 갈래로 나누어진 길.

확인하기

✓ 밑줄 친 낱말이 바르게 쓰인 꽃을 찾아 색칠하세요.

1

병에 물을 <u>닮아요</u>.

친구와 <u>헤어져요</u>.

비구름이 <u>걷혀요</u>.

확인하기

✓   에 들어갈 알맞은 낱말을 찾아 선으로 이으세요.

2

아기를 의자에   .

· 안쳐요

· 앉혀요

3
도서관에 가려면 운동장을   .

· 거쳐요

· 걷혀요

받아쓰기

불러 주는 문장을 잘 듣고, 맞춤법에 주의하며 받아쓰세요.

4

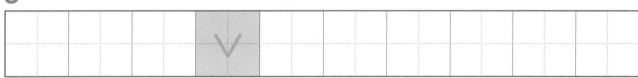

5

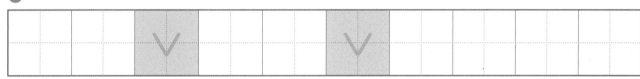

6

7

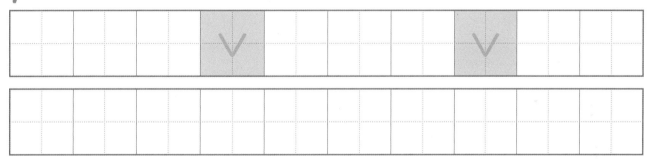

8

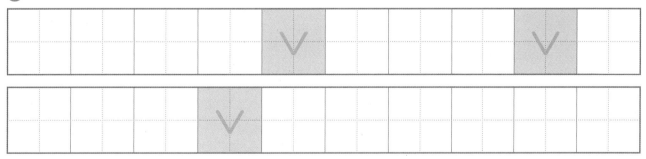

이렇게 띄어 쓰세요

'~에'처럼 혼자 쓰일 수 없는 말은 앞말에 붙여 써요.

🐰 이번 주에 배운 낱말을 다시 읽고, 그 뜻을 익혀 보세요.

담다
뜻 무엇을 그릇 따위에 넣다.

닮다
뜻 서로 비슷한 생김새나 성질을 지니다.

거치다
뜻 오가는 길에 어떤 장소를 지나거나 들르다.

걷히다
뜻 구름이나 안개 따위가 흩어져 없어지다.

안치다
뜻 재료를 솥이나 냄비 따위에 넣고 불 위에 올리다.

앉히다
뜻 누구를 어디에 앉게 하다.

해어지다
뜻 옷이나 신발 등이 다 닳아서 구멍이 나거나 찢어지다.

헤어지다
뜻 같이 있던 사람과 서로 떨어지다.

맞춤법 실력 쑥쑥 상

이름 _____

위 어린이는 훌륭하게

초능력 맞춤법+받아쓰기 2-2를 마치고

우수한 맞춤법 실력을 쌓았기에

이 상장을 드립니다.

년   월   일

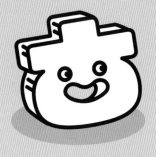

초능력

맞춤법 + 받아쓰기

정답과 풀이

초등 국어

2·2

동아출판

차례

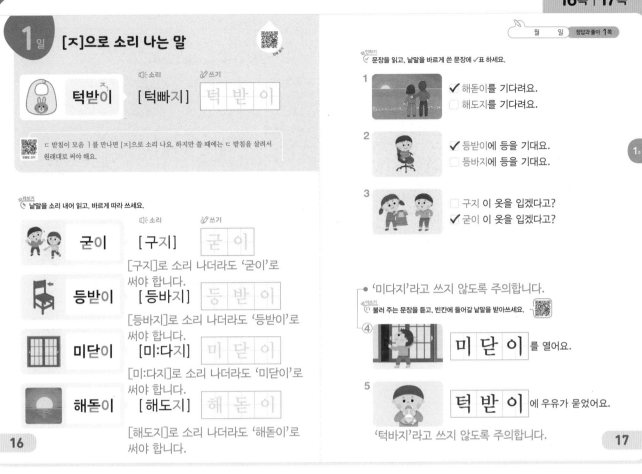

1일 [ㅈ]으로 소리 나는 말

턱받이 ⎌소리 [턱빠지] ✎쓰기 턱 받 이

ㄷ 받침이 모음 ㅣ 를 만나면 [ㅈ]으로 소리 나요. 하지만 쓸 때에는 ㄷ 받침을 살려서 원래대로 써야 해요.

📖따라쓰기
날말을 소리 내어 읽고, 바르게 따라 쓰세요.

	⎌소리	✎쓰기
굳이	[구지]	굳 이

[구지]로 소리 나더라도 '굳이'로 써야 합니다.

| 등받이 | [등바지] | 등 받 이 |

[등바지]로 소리 나더라도 '등받이'로 써야 합니다.

| 미닫이 | [미:다지] | 미 닫 이 |

[미:다지]로 소리 나더라도 '미닫이'로 써야 합니다.

| 해돋이 | [해도지] | 해 돋 이 |

[해도지]로 소리 나더라도 '해돋이'로 써야 합니다.

16

월 일 정답과 풀이 1쪽

문장을 읽고, 날말을 바르게 쓴 문장에 ✓표 하세요.

1 ✓ 해돋이를 기다려요.
   ☐ 해도지를 기다려요.

2 ✓ 등받이에 등을 기대요.
   ☐ 등바지에 등을 기대요.

3 ☐ 구지 이 옷을 입겠다고?
   ✓ 굳이 이 옷을 입겠다고?

● '미다지'라고 쓰지 않도록 주의합니다.

✏받아쓰기 불러 주는 문장을 듣고, 빈칸에 들어갈 날말을 받아쓰세요.
④ 미 닫 이 를 열어요.

⑤ 턱 받 이 에 우유가 묻었어요.

'턱바지'라고 쓰지 않도록 주의합니다.

17

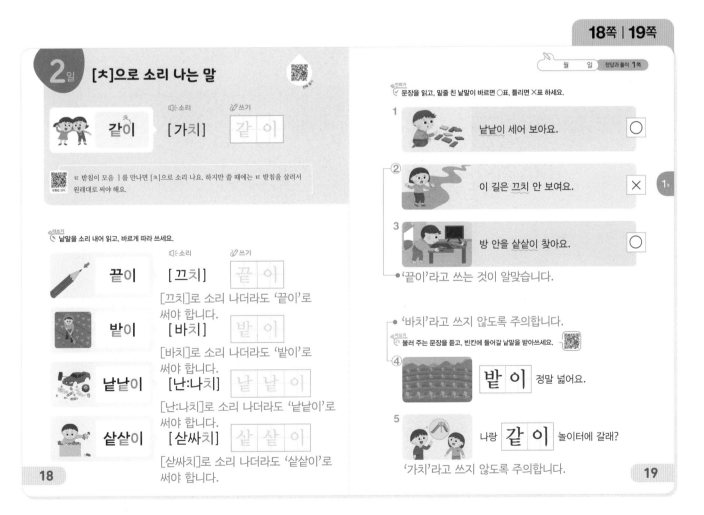

2일 [ㅊ]으로 소리 나는 말

같이 ⎌소리 [가치] ✎쓰기 같 이

ㅌ 받침이 모음 ㅣ 를 만나면 [ㅊ]으로 소리 나요. 하지만 쓸 때에는 ㅌ 받침을 살려서 원래대로 써야 해요.

📖따라쓰기
날말을 소리 내어 읽고, 바르게 따라 쓰세요.

	⎌소리	✎쓰기
끝이	[끄치]	끝 이

[끄치]로 소리 나더라도 '끝이'로 써야 합니다.

| 밭이 | [바치] | 밭 이 |

[바치]로 소리 나더라도 '밭이'로 써야 합니다.

| 낱낱이 | [난:나치] | 낱 낱 이 |

[난:나치]로 소리 나더라도 '낱낱이'로 써야 합니다.

| 샅샅이 | [삳싸치] | 샅 샅 이 |

[삳싸치]로 소리 나더라도 '샅샅이'로 써야 합니다.

18

월 일 정답과 풀이 1쪽

문장을 읽고, 밑줄 친 날말이 바르면 ○표, 틀리면 ✕표 하세요.

1 낱낱이 세어 보아요. ○

② 이 길은 끄치 안 보여요. ✕

3 방 안을 샅샅이 찾아요. ○

● '끝이'라고 쓰는 것이 알맞습니다.

● '바치'라고 쓰지 않도록 주의합니다.

✏받아쓰기 불러 주는 문장을 듣고, 빈칸에 들어갈 날말을 받아쓰세요.
④ 밭 이 정말 넓어요.

⑤ 나랑 같 이 놀이터에 갈래?

'가치'라고 쓰지 않도록 주의합니다.

19

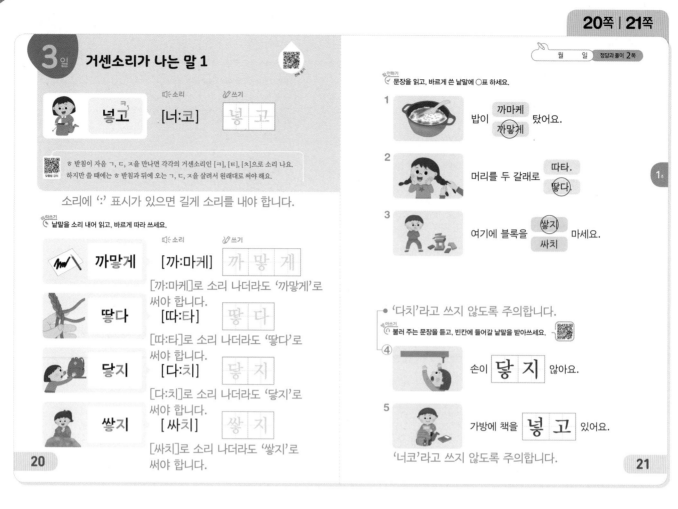

3일 거센소리가 나는 말 1

넣고   [너:코]   넣고

ㅎ 받침이 자음 ㄱ, ㄷ, ㅈ을 만나면 각각의 거센소리인 [ㅋ], [ㅌ], [ㅊ]으로 소리 나요. 하지만 쓸 때에는 ㅎ 받침과 뒤에 오는 ㄱ, ㄷ, ㅈ을 살려서 원래대로 써야 해요.

소리에 ‘:’ 표시가 있으면 길게 소리를 내야 합니다.

따라쓰기 낱말을 소리 내어 읽고, 바르게 따라 쓰세요.

까맣게   [까:마케]   까맣게
[까:마케]로 소리 나더라도 ‘까맣게’로 써야 합니다.

땋다   [따:타]   땋다
[따:타]로 소리 나더라도 ‘땋다’로 써야 합니다.

닿지   [다:치]   닿지
[다:치]로 소리 나더라도 ‘닿지’로 써야 합니다.

쌓지   [싸치]   쌓지
[싸치]로 소리 나더라도 ‘쌓지’로 써야 합니다.

확인하기 문장을 읽고, 바르게 쓴 낱말에 ○표 하세요.

1 밥이 까마케 / ⓐ까맣게 탔어요.

2 머리를 두 갈래로 따타 / ⓐ땋다.

3 여기에 블록을 ⓐ쌓지 / 싸치 마세요.

‘다치’라고 쓰지 않도록 주의합니다.

받아쓰기 불러 주는 문장을 듣고, 빈칸에 들어갈 낱말을 받아쓰세요.

4 손이 닿지 않아요.

5 가방에 책을 넣고 있어요.
‘너코’라고 쓰지 않도록 주의합니다.

20

21

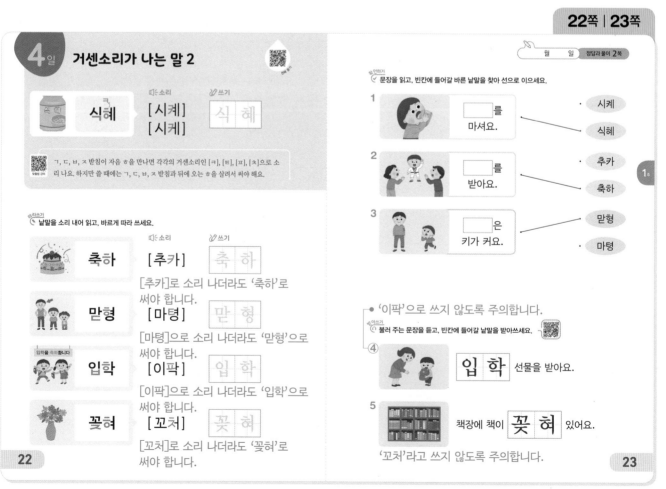

4일 거센소리가 나는 말 2

식혜   [시켸]
       [시케]   식혜

ㄱ, ㄷ, ㅂ, ㅈ 받침이 자음 ㅎ을 만나면 각각의 거센소리인 [ㅋ], [ㅌ], [ㅍ], [ㅊ]으로 소리 나요. 하지만 쓸 때에는 ㄱ, ㄷ, ㅂ, ㅈ 받침과 뒤에 오는 ㅎ을 살려서 써야 해요.

따라쓰기 낱말을 소리 내어 읽고, 바르게 따라 쓰세요.

축하   [추카]   축하
[추카]로 소리 나더라도 ‘축하’로 써야 합니다.

맏형   [마텽]   맏형
[마텽]으로 소리 나더라도 ‘맏형’으로 써야 합니다.

입학   [이팍]   입학
[이팍]으로 소리 나더라도 ‘입학’으로 써야 합니다.

꽂혀   [꼬처]   꽂혀
[꼬처]로 소리 나더라도 ‘꽂혀’로 써야 합니다.

확인하기 문장을 읽고, 빈칸에 들어갈 바른 낱말을 찾아 선으로 이으세요.

1 □를 마셔요.   · 시켸
                      · 식혜

2 □를 받아요.   · 추카
                      · 축하

3 □은 키가 커요.   · 맏형
                      · 마텽

‘이팍’으로 쓰지 않도록 주의합니다.

받아쓰기 불러 주는 문장을 듣고, 빈칸에 들어갈 낱말을 받아쓰세요.

4 입학 선물을 받아요.

5 책장에 책이 꽂혀 있어요.
‘꼬처’라고 쓰지 않도록 주의합니다.

22

23

5일 실력 쑥쑥 마무리

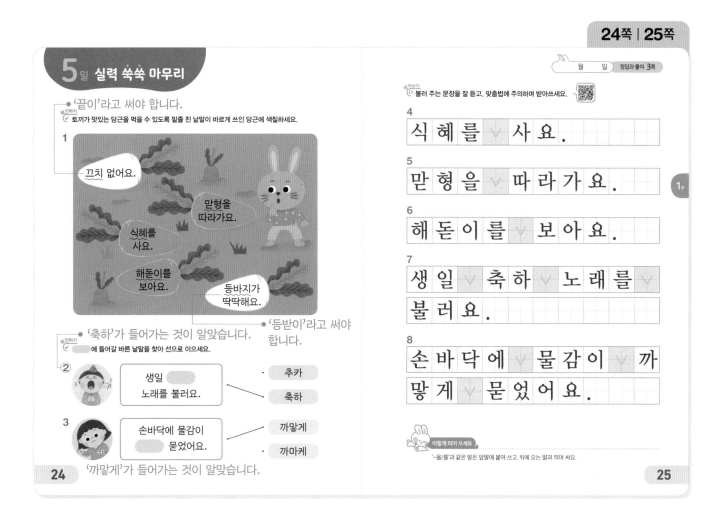

'끝이'라고 써야 합니다.

토끼가 맛있는 당근을 먹을 수 있도록 밑줄 친 낱말이 바르게 쓰인 당근에 색칠하세요.

1

끄치 없어요.

맏형을 따라가요.

식혜를 사요.

해돋이를 보아요.

등바지가 딱딱해요.

'축하'가 들어가는 것이 알맞습니다. · '등받이'라고 써야 합니다.

□에 들어갈 바른 낱말을 찾아 선으로 이으세요.

② 생일 □□ 노래를 불러요. · 추카
· 축하

③ 손바닥에 물감이 □□ 묻었어요. · 까맣게
· 까마케

'까맣게'가 들어가는 것이 알맞습니다.

24

불러 주는 문장을 잘 듣고, 맞춤법에 주의하며 받아쓰세요.

4
식혜를 ∨ 사요.

5
맏형을 ∨ 따라가요.

6
해돋이를 ∨ 보아요.

7
생일 ∨ 축하 ∨ 노래를 ∨ 불러요.

8
손바닥에 ∨ 물감이 ∨ 까맣게 ∨ 묻었어요.

이렇게 띄어 쓰세요

'~을/를'과 같은 말은 앞말에 붙여 쓰고, 뒤에 오는 말과 띄어 써요.

25

1일 [ㄴ] 소리가 덧나는 말

색연필 口소리 [생년필] ✎쓰기 색 연 필

두 낱말이 합쳐져서 하나의 낱말이 될 때, 앞말에 받침이 있고 뒷말이 '이, 야, 여, 요, 유'이면 ㄴ이 더해져서 소리 나요. 하지만 쓸 때에는 원래대로 써야 해요.

낱말을 소리 내어 읽고, 바르게 따라 쓰세요.

한입 口소리 [한닙] ✎쓰기 한 입

[한닙]으로 소리 나더라도 '한입'으로 써야 합니다.

기침약 [기침냑] 기 침 약

[기침냑]으로 소리 나더라도 '기침약'으로 써야 합니다.

담요 [담:뇨] 담 요

[담:뇨]로 소리 나더라도 '담요'로 써야 합니다.

식용유 [시굥뉴] 식 용 유

[시굥뉴]로 소리 나더라도 '식용유'로 써야 합니다.

28

문장을 읽고, 바르게 쓴 낱말에 ○표 하세요.

1 두꺼운 담요 / 담뇨 를 덮어요.

2 기침냑 / 기침약 을 한입에 먹어요.

'생년필'이라고 쓰지 않도록 주의합니다.

불러 주는 문장을 듣고, 빈칸에 들어갈 낱말을 받아쓰세요.

③ 색 연 필 이 부러졌어요.

4 새우를 식 용 유 에 튀겨요.

'시굥뉴'라고 쓰지 않도록 주의합니다.

29

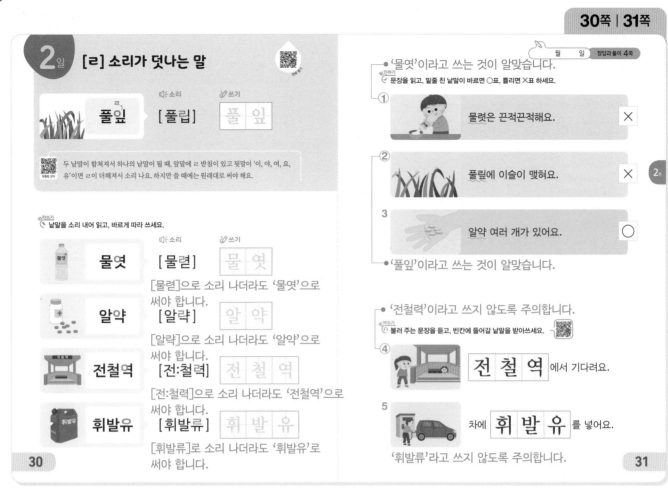

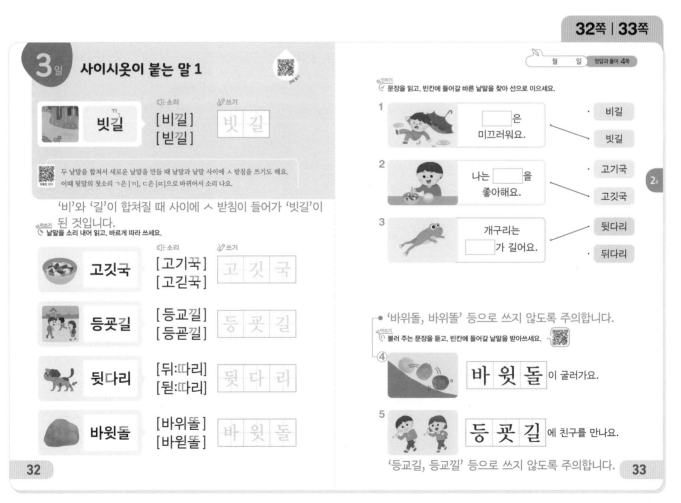

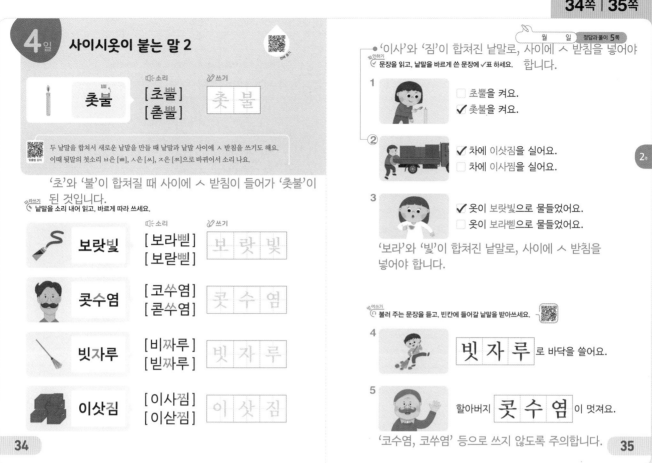

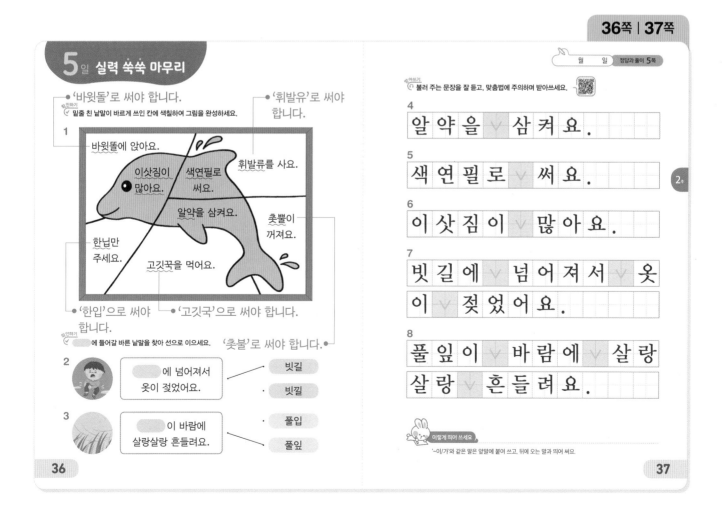

4일 사이시옷이 붙는 말 2

촛불
- 소리 [초뿔] [촏뿔]
- 쓰기 촛불

두 낱말을 합쳐서 새로운 낱말을 만들 때 낱말과 낱말 사이에 ㅅ 받침을 쓰기도 해요. 이때 뒷말의 첫소리 ㅂ은 [ㅃ], ㅅ은 [ㅆ], ㅈ은 [ㅉ]으로 바뀌어서 소리 나요.

'초'와 '불'이 합쳐질 때 사이에 ㅅ 받침이 들어가 '촛불'이 된 것입니다.

따라쓰기 낱말을 소리 내어 읽고, 바르게 따라 쓰세요.

	소리	쓰기
보랏빛	[보라삗] [보랃삗]	보 랏 빛
콧수염	[코쑤염] [콛쑤염]	콧 수 염
빗자루	[비짜루] [빋짜루]	빗 자 루
이삿짐	[이사찜] [이삳찜]	이 삿 짐

34

월 일 정답과 풀이 5쪽

확인하기 문장을 읽고, 낱말을 바르게 쓴 문장에 ✓표 하세요.

'이사'와 '짐'이 합쳐진 낱말로, 사이에 ㅅ 받침을 넣어야 합니다.

1. ☐ 초뿔을 켜요.
   ✓ 촛불을 켜요.

2. ✓ 차에 이삿짐을 실어요.
   ☐ 차에 이사찜을 실어요.

3. ✓ 옷이 보랏빛으로 물들었어요.
   ☐ 옷이 보라삗으로 물들었어요.

'보라'와 '빛'이 합쳐진 낱말로, 사이에 ㅅ 받침을 넣어야 합니다.

받아쓰기 불러 주는 문장을 듣고, 빈칸에 들어갈 낱말을 받아쓰세요.

4. **빗 자 루** 로 바닥을 쓸어요.

5. 할아버지 **콧 수 염** 이 멋져요.

'코수염, 코쑤염' 등으로 쓰지 않도록 주의합니다.

35

5일 실력 쑥쑥 마무리

확인하기 밑줄 친 낱말이 바르게 쓰인 칸에 색칠하여 그림을 완성하세요.

1.
- '바윗돌'로 써야 합니다.
- '휘발유'로 써야 합니다.
- 바윗똘에 앉아요.
- 이삿짐이 많아요.
- 색연필로 써요.
- 휘발류를 사요.
- 알약을 삼켜요.
- 촛뿔이 꺼져요.
- 한닙만 주세요.
- 고깃꾹을 먹어요.
- '한입'으로 써야 합니다.
- '고깃국'으로 써야 합니다.
- '촛불'로 써야 합니다.

확인하기 ⬤에 들어갈 바른 낱말을 찾아 선으로 이으세요.

2. ⬤에 넘어져서 옷이 젖었어요.
   · 빗길
   · 빗낄

3. ⬤이 바람에 살랑살랑 흔들려요.
   · 풀입
   · 풀잎

36

월 일 정답과 풀이 5쪽

받아쓰기 불러 주는 문장을 잘 듣고, 맞춤법에 주의하며 받아쓰세요.

4. 알 약 을 ↓ 삼 켜 요 .

5. 색 연 필 로 ↓ 써 요 .

6. 이 삿 짐 이 ↓ 많 아 요 .

7. 빗 길 에 ↓ 넘 어 져 서 ↓ 옷 이 ↓ 젖 었 어 요 .

8. 풀 잎 이 ↓ 바 람 에 ↓ 살 랑 살 랑 ↓ 흔 들 려 요 .

이렇게 띄어 쓰세요 '~이/가'와 같은 말은 앞말에 붙여 쓰고, 뒤에 오는 말과 띄어 써요.

37

정답과 풀이 **5**

3일 뵈다 / 쇠다

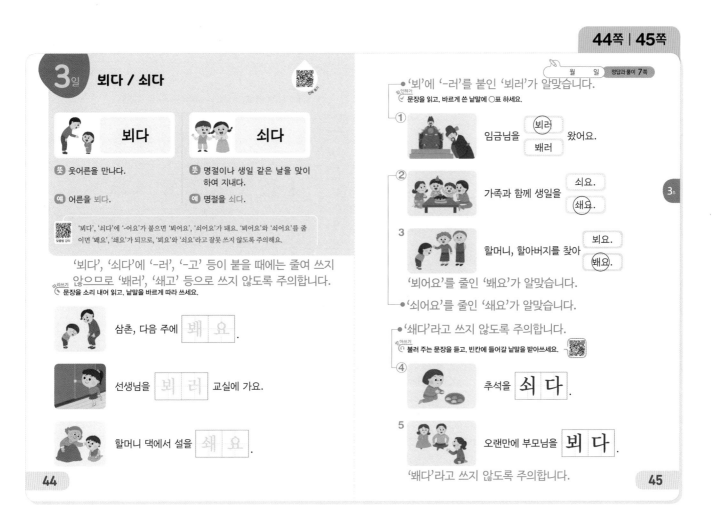

뵈다
뜻 웃어른을 만나다.
예 어른을 뵈다.

쇠다
뜻 명절이나 생일 같은 날을 맞이하여 지내다.
예 명절을 쇠다.

'뵈다', '쇠다'에 '-어요'가 붙으면 '뵈어요', '쇠어요'가 돼요. '뵈어요'와 '쇠어요'를 줄이면 '봬요', '쇄요'가 되므로, '뵈요'와 '쇠요'라고 잘못 쓰지 않도록 주의해요.

'뵈다', '쇠다'에 '-러', '-고' 등이 붙을 때에는 줄여 쓰지 않으므로 '봬러', '쇄고' 등으로 쓰지 않도록 주의합니다.

따라쓰기 문장을 소리 내어 읽고, 낱말을 바르게 따라 쓰세요.

삼촌, 다음 주에 **봬 요**.

선생님을 **뵈 러** 교실에 가요.

할머니 댁에서 설을 **쇄 요**.

월 일 정답과 풀이 7쪽

'뵈'에 '-러'를 붙인 '뵈러'가 알맞습니다.
확인하기 문장을 읽고, 바르게 쓴 낱말에 ○표 하세요.

① 임금님을 [뵈러] [봬러] 왔어요.

② 가족과 함께 생일을 [쇠요] [쇄요].

③ 할머니, 할아버지를 찾아 [뵈요] [봬요].

'뵈어요'를 줄인 '봬요'가 알맞습니다.

'쇠어요'를 줄인 '쇄요'가 알맞습니다.

'쇄다'라고 쓰지 않도록 주의합니다.
받아쓰기 불러 주는 문장을 듣고, 빈칸에 들어갈 낱말을 받아쓰세요.

④ 추석을 **쇠 다**.

⑤ 오랜만에 부모님을 **뵈 다**.

'봬다'라고 쓰지 않도록 주의합니다.

4일 역할 / 움큼

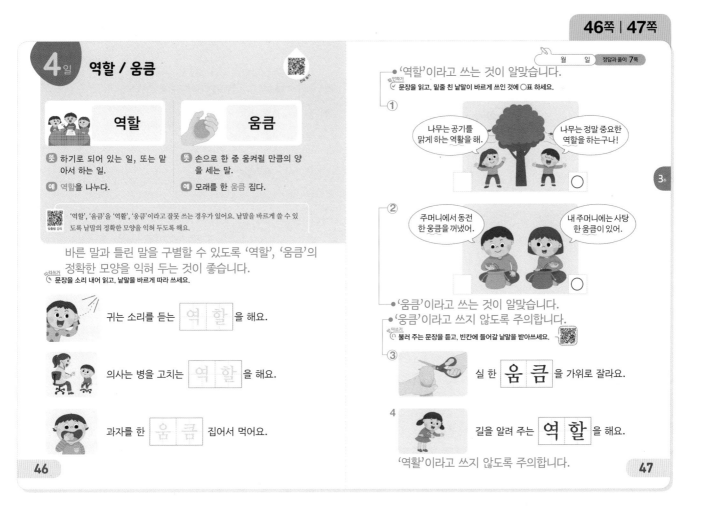

역할
뜻 하기로 되어 있는 일, 또는 맡아서 하는 일.
예 역할을 나누다.

움큼
뜻 손으로 한 줌 움켜쥘 만큼의 양을 세는 말.
예 모래를 한 움큼 집다.

'역할', '움큼'을 '역활', '웅큼'이라고 잘못 쓰는 경우가 있어요. 낱말을 바르게 쓸 수 있도록 낱말의 정확한 모양을 익혀 두도록 해요.

바른 말과 틀린 말을 구별할 수 있도록 '역할', '움큼'의 정확한 모양을 익혀 두는 것이 좋습니다.

따라쓰기 문장을 소리 내어 읽고, 낱말을 바르게 따라 쓰세요.

귀는 소리를 듣는 **역 할**을 해요.

의사는 병을 고치는 **역 할**을 해요.

과자를 한 **움 큼** 집어서 먹어요.

'역할'이라고 쓰는 것이 알맞습니다.
확인하기 문장을 읽고, 밑줄 친 낱말이 바르게 쓰인 것에 ○표 하세요.

① 나무는 공기를 맑게 하는 역할을 해. / 나무는 정말 중요한 역활을 하는구나! ○

② 주머니에서 동전 한 웅큼을 꺼냈어. / 내 주머니에는 사탕 한 움큼이 있어. ○

'움큼'이라고 쓰는 것이 알맞습니다.

'웅큼'이라고 쓰지 않도록 주의합니다.
받아쓰기 불러 주는 문장을 듣고, 빈칸에 들어갈 낱말을 받아쓰세요.

③ 실 한 **움 큼**을 가위로 잘라요.

④ 길을 알려 주는 **역 할**을 해요.

'역활'이라고 쓰지 않도록 주의합니다.

5일 실력 쑥쑥 마무리

인하기
빈칸에 들어갈 알맞은 낱말을 따라 벌이 꿀을 찾을 수 있도록 도와주세요.

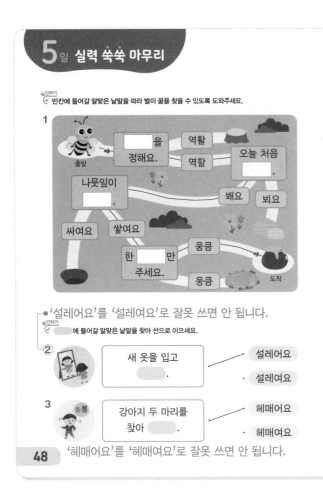

1
출발 → 을 정해요. / 역활 / 역할 / 오늘 처음 [   ].
나뭇잎이 [   ]. / 봬요 / 뵈요
싸여요 / 쌓여요
한 [   ]만 주세요. / 움큼 / 웅큼
도착

● '설레어요'를 '설레여요'로 잘못 쓰면 안 됩니다.

인하기
[   ]에 들어갈 알맞은 낱말을 찾아 선으로 이으세요.

② 새 옷을 입고 [   ]. · 설레어요 · 설레여요

③ 강아지 두 마리를 찾아 [   ]. · 헤매어요 · 헤매여요

48 '헤매어요'를 '헤매여요'로 잘못 쓰면 안 됩니다.

월 일 정답과 풀이 8쪽

받아쓰기
불러 주는 문장을 잘 듣고, 맞춤법에 주의하며 받아쓰세요.

4
오늘 ↓ 처음 ↓ 봬요.

5
나뭇잎이 ↓ 쌓여요.

6
한 ↓ 움큼만 ↓ 주세요.

7
새 ↓ 옷을 ↓ 입고 ↓ 설레
어요.

8
강아지 ↓ 두 ↓ 마리를 ↓
찾아 ↓ 헤매어요.

이렇게 띄어 쓰세요
'움큼', '마리'와 같이 양을 나타내거나 수를 세는 말은 앞말과 띄어 써야 해요.

49

1일 덥석 / 눈곱

덥석
뜻 갑자기 달려들어 한 번에 물거나 꽉 잡는 모양.
예 어깨를 덥석 잡다.

눈곱
뜻 눈에서 나오는 끈끈한 액체, 또는 그것이 말라붙은 것.
예 눈곱이 끼다.

'덥석', '눈곱'은 [덥썩], [눈꼽]과 같이 소리 나요. 하지만 쓸 때에는 원래 모양대로 써야 해요.

'덥석', '눈곱'은 소리 나는 대로 쓰지 않도록 주의합니다.

따라쓰기
문장을 소리 내어 읽고, 낱말을 바르게 따라 쓰세요.

빵을 덥 석 베어 물어요.

세수하며 눈 곱 을 닦아요.

아빠께서 눈 곱 을 떼어 주셨어요.

52

월 일 정답과 풀이 8쪽

● '덥석'이라고 써야 알맞습니다.

인하기
문장을 읽고, [   ] 안의 낱말이 바르면 ○표, 틀리면 ✕표 하세요.

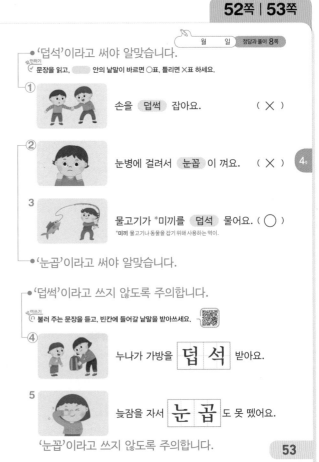

① 손을 덥썩 잡아요. (✕)

② 눈병에 걸려서 눈꼽 이 껴요. (✕)

③ 물고기가 *미끼를 덥석 물어요. (○)
*미끼 물고기나 동물을 잡기 위해 사용하는 먹이.

● '눈곱'이라고 써야 알맞습니다.

● '덥썩'이라고 쓰지 않도록 주의합니다.

받아쓰기
불러 주는 문장을 듣고, 빈칸에 들어갈 낱말을 받아쓰세요.

④ 누나가 가방을 덥 석 받아요.

⑤ 늦잠을 자서 눈 곱 도 못 뗐어요.

● '눈꼽'이라고 쓰지 않도록 주의합니다.

53

2일 눈썹 / 빛깔

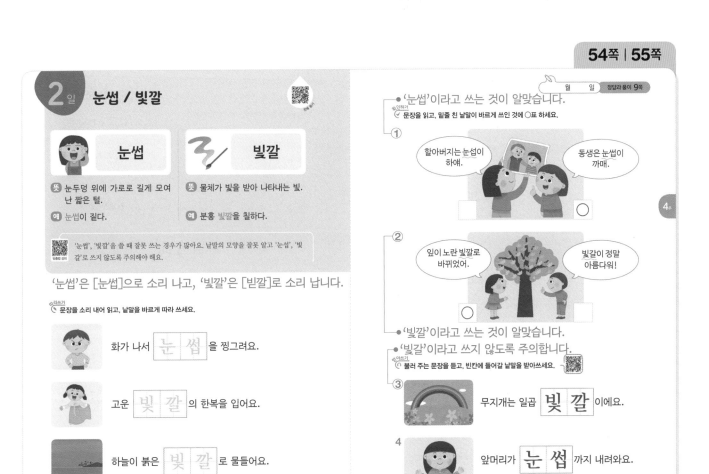

눈썹

뜻 눈두덩 위에 가로로 길게 모여 난 짧은 털.
예 눈썹이 짙다.

빛깔

뜻 물체가 빛을 받아 나타내는 빛.
예 분홍 빛깔을 칠하다.

'눈썹', '빛깔'을 쓸 때 잘못 쓰는 경우가 많아요. 낱말의 모양을 잘못 알고 '눈섶', '빛갈'로 쓰지 않도록 주의해야 해요.

'눈썹'은 [눈썹]으로 소리 나고, '빛깔'은 [빋깔]로 소리 납니다.

따라쓰기
문장을 소리 내어 읽고, 낱말을 바르게 따라 쓰세요.

화가 나서 눈 썹 을 찡그려요.

고운 빛 깔 의 한복을 입어요.

하늘이 붉은 빛 깔 로 물들어요.

54

• '눈썹'이라고 쓰는 것이 알맞습니다.

확인하기
✓ 문장을 읽고, 밑줄 친 낱말이 바르게 쓰인 것에 ○표 하세요.

① 할아버지는 눈섶이 하얘. / 동생은 눈썹이 까매. ○

② 잎이 노란 빛갈로 바뀌었어. ○ / 빛깔이 정말 아름다워!

• '빛깔'이라고 쓰는 것이 알맞습니다.
• '빛갈'이라고 쓰지 않도록 주의합니다.

받아쓰기
불러 주는 문장을 듣고, 빈칸에 들어갈 낱말을 받아쓰세요.

③ 무지개는 일곱 빛 깔 이에요.

④ 앞머리가 눈 썹 까지 내려와요.

'눈섶'이라고 쓰지 않도록 주의합니다.

55

3일 늘리다 / 늘이다

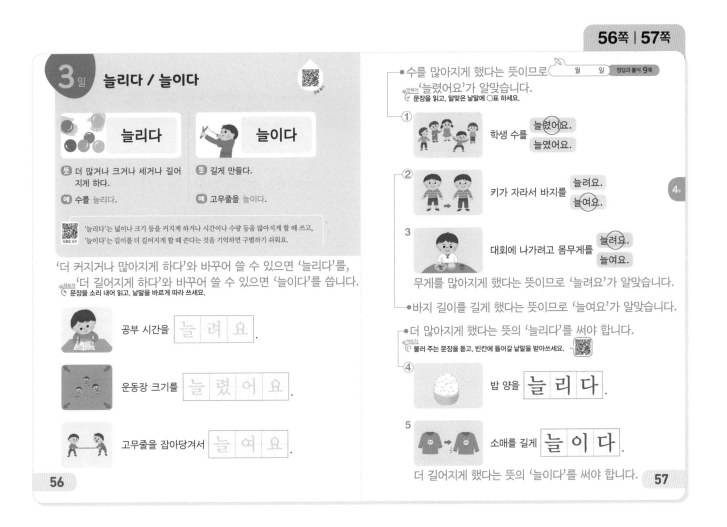

늘리다

뜻 더 많거나 크거나 세거나 길어지게 하다.
예 수를 늘리다.

늘이다

뜻 길게 만들다.
예 고무줄을 늘이다.

'늘리다'는 넓이나 크기 등을 커지게 하거나 시간이나 수량 등을 많아지게 할 때 쓰고, '늘이다'는 길이를 더 길어지게 할 때 쓴다는 것을 기억하면 구별하기 쉬워요.

'더 커지거나 많아지게 하다'와 바꾸어 쓸 수 있으면 '늘리다'를, '더 길어지게 하다'와 바꾸어 쓸 수 있으면 '늘이다'를 씁니다.

따라쓰기
문장을 소리 내어 읽고, 낱말을 바르게 따라 쓰세요.

공부 시간을 늘 려 요 .

운동장 크기를 늘 렸 어 요 .

고무줄을 잡아당겨서 늘 여 요 .

56

• 수를 많아지게 했다는 뜻이므로 '늘렸어요'가 알맞습니다.

확인하기
문장을 읽고, 알맞은 낱말에 ○표 하세요.

① 학생 수를 늘렸어요. / 늘였어요.

② 키가 자라서 바지를 늘려요. / 늘여요.

③ 대회에 나가려고 몸무게를 늘려요. / 늘여요.

무게를 많아지게 했다는 뜻이므로 '늘려요'가 알맞습니다.
• 바지 길이를 길게 했다는 뜻이므로 '늘여요'가 알맞습니다.
• 더 많아지게 했다는 뜻의 '늘리다'를 써야 합니다.

받아쓰기
불러 주는 문장을 듣고, 빈칸에 들어갈 낱말을 받아쓰세요.

④ 밥 양을 늘 리 다 .

⑤ 소매를 길게 늘 이 다 .

더 길어지게 했다는 뜻의 '늘이다'를 써야 합니다.

57

4일 맞추다 / 맞히다

맞추다

뜻 서로 떨어져 있는 부분을 제자리에 맞게 대어 붙이다.

예 퍼즐을 맞추다.

3×8 =(24) 맞히다

뜻 문제에 대한 답을 틀리지 않게 하다.

예 답을 맞히다.

'맞추다'와 '맞히다'는 글자 모양이 비슷해서 헷갈리기 쉬우므로, 두 낱말의 뜻을 정확히 알고 구별해서 써야 해요.

'맞히다'는 '맞다'에서 나온 말이라는 것을 기억해 두면 좀 더 쉽게 구분할 수 있습니다.

따라쓰기 문장을 소리 내어 읽고, 낱말을 바르게 따라 쓰세요.

문짝을 문틀에 | 맞 | 추 | 어 | 달아요.

*부품을 | 맞 | 춰 | 서 | 로봇을 만들어요.

*부품 기계 등에서 어떤 부분에 쓰는 물건.

정답을 | 맞 | 혀 | 서 | 선물을 받았어요.

58

서로 떨어져 있는 부분을 제자리에 맞게 붙인 것이므로 '맞추어'가 알맞습니다.

확인하기 문장을 읽고, 알맞은 낱말에 ○표 하세요.

① 찢어진 시험지를 | 맞히어 / 맞추어 | 보았어요.

2 열 문제를 다 | 맞혀서 / 맞춰서 | 기분이 좋아요.

답을 틀리지 않게 한 것이므로 '맞혀서'가 알맞습니다.

'맞히다'라고 쓰지 않도록 주의합니다.

받아쓰기 불러 주는 문장을 듣고, 빈칸에 들어갈 낱말을 받아쓰세요.

③ 깨진 조각을 | 맞 | 추 | 다 |.

④ 수수께끼 정답을 | 맞 | 히 | 다 |.

'맞추다'라고 쓰지 않도록 주의합니다.

59

5일 실력 쑥쑥 마무리

확인하기 밑줄 친 낱말이 바르게 쓰인 감자와 고구마를 찾아 ○표 하세요.

'빛깔'이 알맞습니다.

'눈곱'이 알맞습니다.

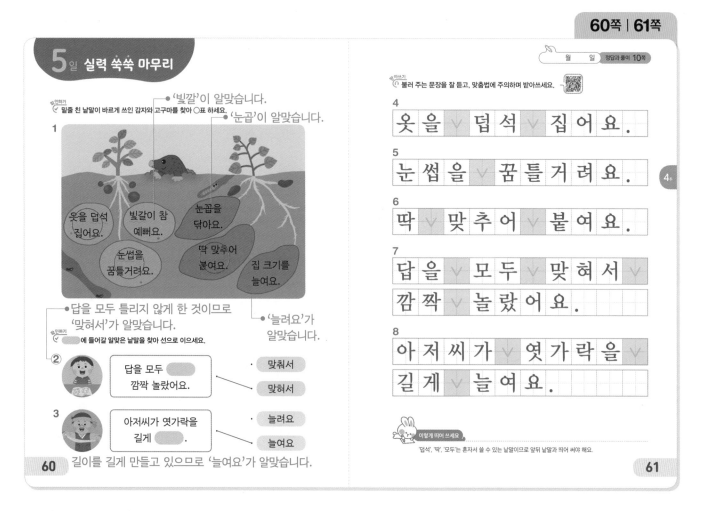

옷을 덥석 집어요.

빛갈이 참 예뻐요.

눈꼽을 닦아요.

눈썹을 꿈틀거려요.

딱 맞추어 붙여요.

집 크기를 늘여요.

답을 모두 틀리지 않게 한 것이므로 '맞혀서'가 알맞습니다.

확인하기 에 들어갈 알맞은 낱말을 찾아 선으로 이으세요.

② 답을 모두 깜짝 놀랐어요. · 맞춰서
· 맞혀서

③ 아저씨가 엿가락을 길게 . · 늘려요
· 늘여요

길이를 길게 만들고 있으므로 '늘여요'가 알맞습니다.

'늘려요'가 알맞습니다.

60

받아쓰기 불러 주는 문장을 잘 듣고, 맞춤법에 주의하며 받아쓰세요.

4

옷을 ∨ 덥석 ∨ 집어요.

5

눈썹을 ∨ 꿈틀거려요.

6

딱 ∨ 맞추어 ∨ 붙여요.

7

답을 ∨ 모두 ∨ 맞혀서 ∨ 깜짝 ∨ 놀랐어요.

8

아저씨가 ∨ 엿가락을 ∨ 길게 ∨ 늘여요.

이렇게 띄어 쓰세요

'덥석', '딱', '모두'는 혼자서 쓸 수 있는 낱말이므로 앞뒤 낱말과 띄어 써야 해요.

61

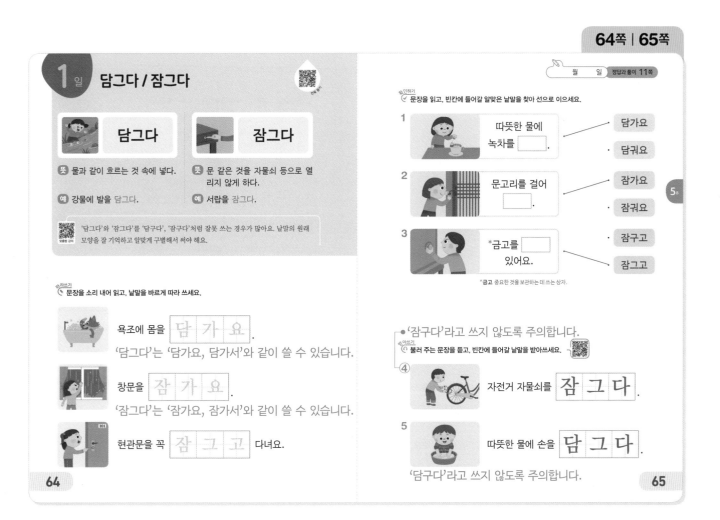

1일 담그다 / 잠그다

담그다
뜻 물과 같이 흐르는 것 속에 넣다.
예 강물에 발을 담그다.

잠그다
뜻 문 같은 것을 자물쇠 등으로 열리지 않게 하다.
예 서랍을 잠그다.

'담그다'와 '잠그다'를 '담구다', '잠구다'처럼 잘못 쓰는 경우가 많아요. 낱말의 원래 모양을 잘 기억하고 알맞게 구별해서 써야 해요.

따라쓰기
문장을 소리 내어 읽고, 낱말을 바르게 따라 쓰세요.

욕조에 몸을 **담가요**.
'담그다'는 '담가요, 담가서'와 같이 쓸 수 있습니다.

창문을 **잠가요**.
'잠그다'는 '잠가요, 잠가서'와 같이 쓸 수 있습니다.

현관문을 꼭 **잠그고** 다녀요.

64

확인하기
문장을 읽고, 빈칸에 들어갈 알맞은 낱말을 찾아 선으로 이으세요.

1 따뜻한 물에 녹차를 [ ].
· 담가요
· 담궈요

2 문고리를 걸어 [ ].
· 잠가요
· 잠궈요

3 *금고를 [ ] 있어요.
· 잠구고
· 잠그고

*금고 중요한 것을 보관하는 데 쓰는 상자.

● '잠구다'라고 쓰지 않도록 주의합니다.

받아쓰기
불러 주는 문장을 듣고, 빈칸에 들어갈 낱말을 받아쓰세요.

4 자전거 자물쇠를 **잠그다**.

5 따뜻한 물에 손을 **담그다**.

● '담구다'라고 쓰지 않도록 주의합니다.

65

5주

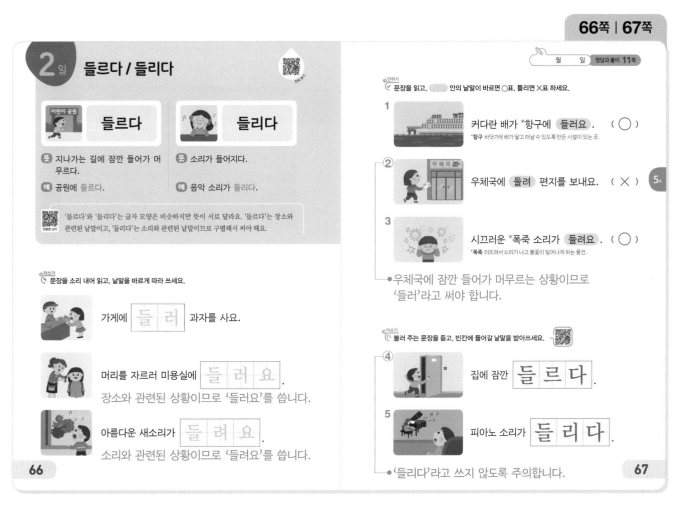

2일 들르다 / 들리다

들르다
뜻 지나가는 길에 잠깐 들어가 머무르다.
예 공원에 들르다.

들리다
뜻 소리가 들어지다.
예 음악 소리가 들리다.

'들르다'와 '들리다'는 글자 모양은 비슷하지만 뜻이 서로 달라요. '들르다'는 장소와 관련된 낱말이고, '들리다'는 소리와 관련된 낱말이므로 구별해서 써야 해요.

따라쓰기
문장을 소리 내어 읽고, 낱말을 바르게 따라 쓰세요.

가게에 **들러** 과자를 사요.

머리를 자르러 미용실에 **들러요**.
장소와 관련된 상황이므로 '들러요'를 씁니다.

아름다운 새소리가 **들려요**.
소리와 관련된 상황이므로 '들려요'를 씁니다.

66

확인하기
문장을 읽고, [ ] 안의 낱말이 바르면 ○표, 틀리면 ✕표 하세요.

1 커다란 배가 *항구에 [들러요]. (○)
*항구 바닷가에 배가 닿고 떠날 수 있도록 만든 시설이 있는 곳.

2 우체국에 [들려] 편지를 보내요. (✕)

3 시끄러운 *폭죽 소리가 [들려요]. (○)
*폭죽 터뜨려서 소리가 나고 불꽃이 일어나게 하는 물건.

● 우체국에 잠깐 들어가 머무르는 상황이므로 '들러'라고 써야 합니다.

받아쓰기
불러 주는 문장을 듣고, 빈칸에 들어갈 낱말을 받아쓰세요.

4 집에 잠깐 **들르다**.

5 피아노 소리가 **들리다**.

● '들리다'라고 쓰지 않도록 주의합니다.

67

5주

3일 이따가 / 있다가

이따가

뜻 조금 지난 뒤에.

예 이따가 다시 만나요.

있다가

뜻 어느 곳에서 떠나거나 벗어나지 않고 머물다가.

예 병원에 있다가 약국에 가요.

'이따가'와 '있다가'는 읽을 때 소리가 비슷해서 잘못 쓰기 쉬워요. '이따가'는 시간과 관련된 낱말이고, '있다가'는 장소와 관련된 낱말임을 기억해 두세요.

'머물다가'와 바꾸어 쓸 수 있으면 '있다가'를 씁니다.

따라쓰기
문장을 소리 내어 읽고, 낱말을 바르게 따라 쓰세요.

간식은 **이 따 가** 먹을게요.

지금은 바쁘니까 **이 따 가** 말해요.
시간과 관련된 상황이므로 '이따가'를 씁니다. •

화장실에 좀 더 **있 다 가** 나갈게요.
장소와 관련된 상황이므로 '있다가'를 씁니다.

68

월 일 정답과 풀이 12쪽

확인하기
문장을 읽고, 밑줄 친 낱말이 알맞게 쓰인 것에 ○표 하세요.

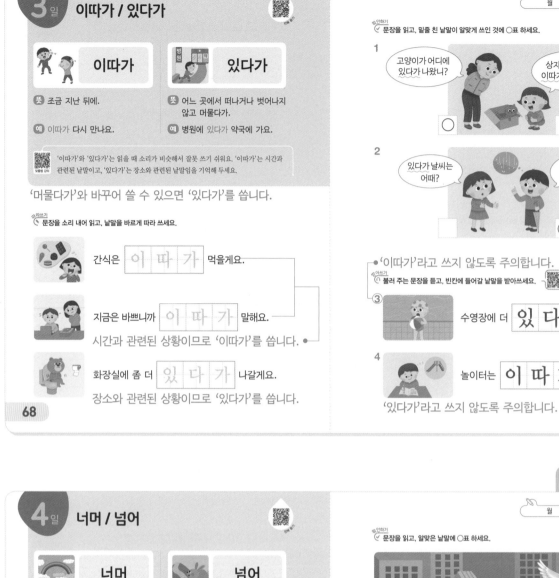

1
고양이가 어디에 있다가 나왔니?
상자 안에 숨어 이따가 나왔어요.
○

2
있다가 날씨는 어때?
이따가 비가 온대. 우산을 가져가자.
○

• '이따가'라고 쓰지 않도록 주의합니다.

받아쓰기
불러 주는 문장을 듣고, 빈칸에 들어갈 낱말을 받아쓰세요.

3 수영장에 더 **있 다 가** 가요.

4 놀이터는 **이 따 가** 가려고요.

'있다가'라고 쓰지 않도록 주의합니다.

69

4일 너머 / 넘어

너머

뜻 어디를 넘어서 저쪽 건너편.

예 구름 너머로 무지개가 보여요.

넘어

뜻 높은 곳이나 어떤 경계를 지나거나 건너.

예 산을 넘어 다른 마을로 가요.

'너머'와 '넘어'는 읽을 때 소리가 같아서 잘못 쓰기 쉬워요. '너머'는 장소를 나타내는 낱말이고, '넘어'는 행동을 나타내는 낱말임을 기억해 두세요.

따라쓰기
문장을 소리 내어 읽고, 낱말을 바르게 따라 쓰세요.

강 **너 머** 에 친구가 살아요.

참새가 언덕 **너 머** 로 날아가요.
장소와 관련된 상황이므로 '너머'를 씁니다. •

도둑이 담을 **넘 어** 다녀요.
행동을 나타내고 있으므로 '넘어'를 씁니다.

70

월 일 정답과 풀이 12쪽

확인하기
문장을 읽고, 알맞은 낱말에 ○표 하세요.

1 산 너머 / 넘어 에는 도시가 있어요.

2 새가 높은 건물을 너머 / 넘어 날아가요.

• '너머'라고 쓰지 않도록 주의합니다.

받아쓰기
불러 주는 문장을 듣고, 빈칸에 들어갈 낱말을 받아쓰세요.

3 거친 파도를 **넘 어** 요.

4 창문 **너 머** 로 눈이 보여요.

'넘어'라고 쓰지 않도록 주의합니다.

71

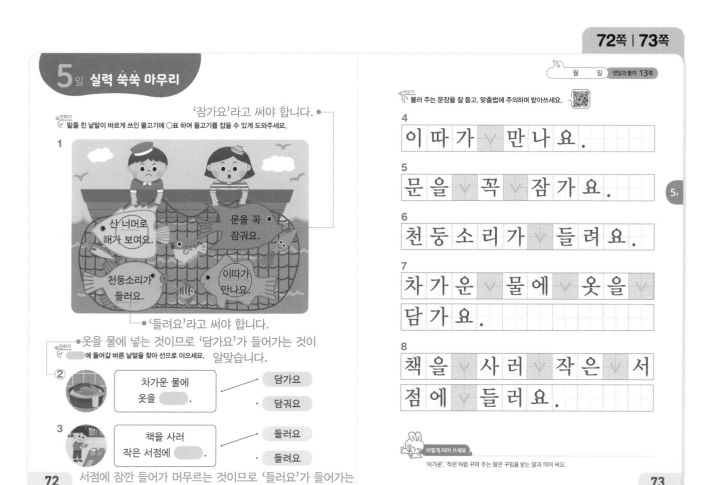

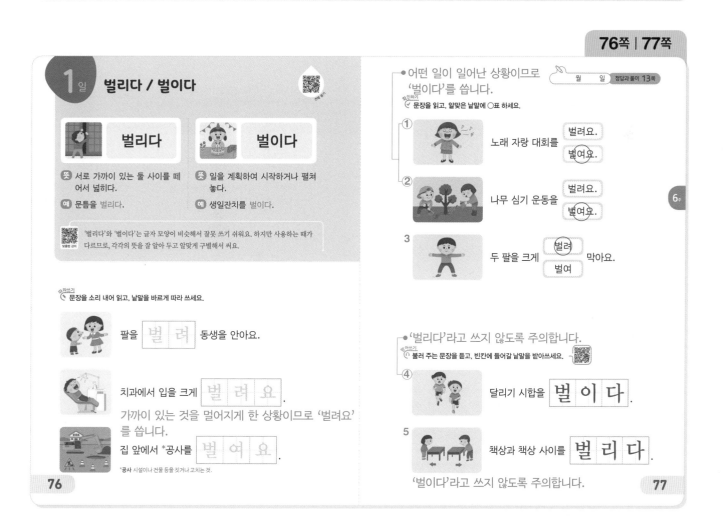

정답과 풀이 **13**

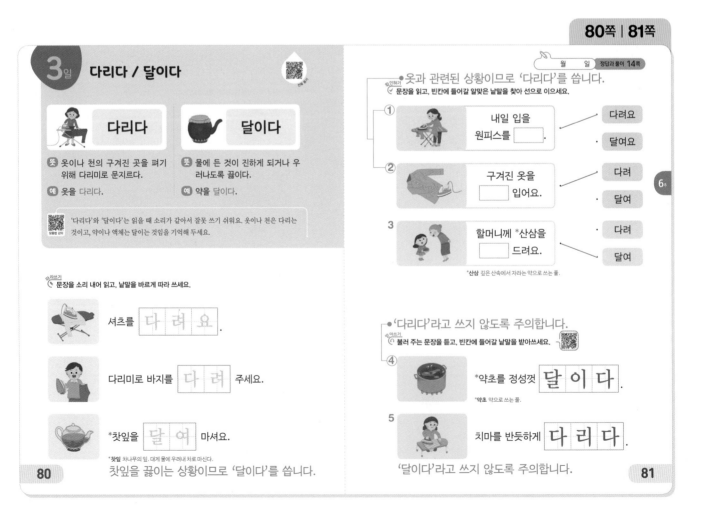

4일 저리다 / 절이다

저리다

뜻 뼈나 몸이 오래 눌려서 느낌이 둔하다.

예 종아리가 저리다.

절이다

뜻 생선이나 채소에 소금, 식초, 설탕 따위가 배어들게 하다.

예 오이를 식초에 절이다.

'저리다'와 '절이다'는 읽을 때 소리가 같아서 잘못 쓰기 쉬워요. '저리다'는 몸과 관련된 낱말이고, '절이다'는 음식과 관련된 낱말이므로 뜻을 생각하며 구별해서 써요.

'저리다'는 '~이/가'와 함께 쓰이고, '절이다'는 '~을/를'과 함께 쓰입니다.

문장을 소리 내어 읽고, 낱말을 바르게 따라 쓰세요.

손가락이 | 저 | 려 | 주물러요.

짐이 무거워서 팔이 | 저 | 려 | 요 |.

소금으로 고등어를 | 절 | 여 | 요리해요.

82

• 다리에 대해 말하고 있으므로 '저리다'를 사용하는 것이 알맞습니다.

문장을 읽고, 알맞은 낱말을 사용한 문장에 ✓표 하세요.

① ☑ 다리가 저려 걸을 수가 없어요.
　 ☐ 다리가 절여 걸을 수가 없어요.

② ☐ 매실을 저려 *장아찌를 만들어요.
　 ☑ 매실을 절여 장아찌를 만들어요.

*장아찌 채소를 소금·간장 등에 절였다가 양념을 하여 오래 두고 먹는 반찬.

③ ☐ 배추를 소금에 저려 김치를 담가요.
　 ☑ 배추를 소금에 절여 김치를 담가요.

• 채소에 간이 배어들게 하는 것이므로 '절여'를 사용하는 것이 알맞습니다.

• '절이다'라고 쓰지 않도록 주의합니다.

불러 주는 문장을 듣고, 빈칸에 들어갈 낱말을 받아쓰세요.

④ 발이 | 저 | 리 | 다 |.

⑤ 딸기를 설탕에 | 절 | 이 | 다 |.

'저리다'라고 쓰지 않도록 주의합니다.

83

5일 실력 쑥쑥 마무리

빈칸에 들어갈 알맞은 낱말을 따라 친구가 학교에 갈 수 있게 도와주세요.

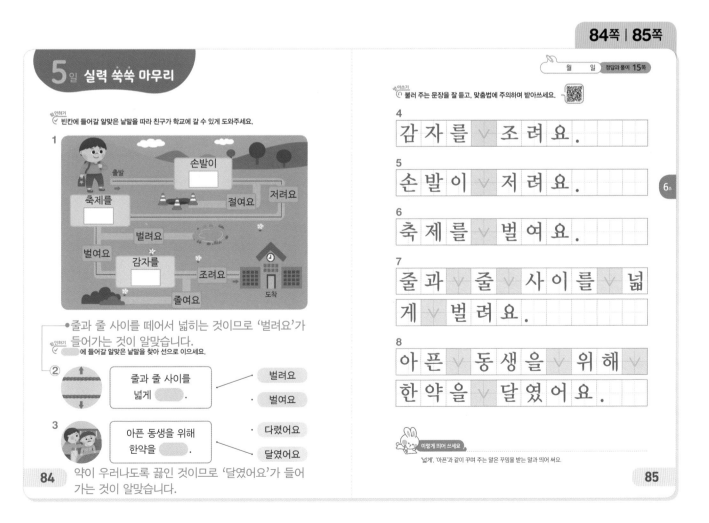

• 줄과 줄 사이를 떼어서 넓히는 것이므로 '벌려요'가 들어가는 것이 알맞습니다.

□에 들어갈 알맞은 낱말을 찾아 선으로 이으세요.

② 줄과 줄 사이를 넓게 ____. · 벌려요
　　　　　　　　　　　　　 · 벌여요

③ 아픈 동생을 위해 한약을 ____. · 다렸어요
　　　　　　　　　　　　　　 · 달였어요

약이 우러나도록 끓인 것이므로 '달였어요'가 들어가는 것이 알맞습니다.

84

불러 주는 문장을 잘 듣고, 맞춤법에 주의하며 받아쓰세요.

4 감자를 ∨ 조려요.

5 손발이 ∨ 저려요.

6 축제를 ∨ 벌여요.

7 줄과 ∨ 줄 ∨ 사이를 ∨ 넓게 ∨ 벌려요.

8 아픈 ∨ 동생을 ∨ 위해 ∨ 한약을 ∨ 달였어요.

이렇게 띄어 쓰세요
'넓게', '아픈'과 같이 꾸며 주는 말은 꾸밈을 받는 말과 띄어 써요.

85

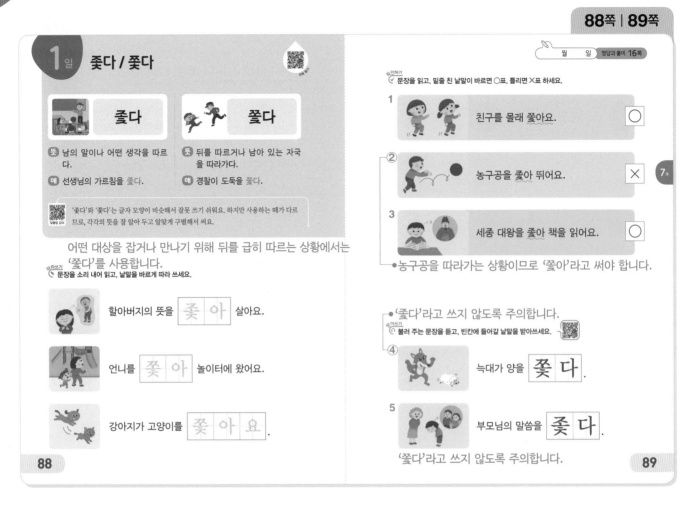

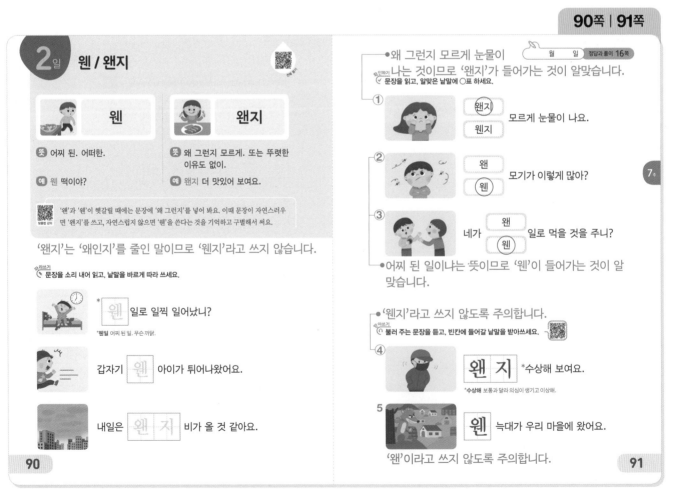

3일 봉오리 / 봉우리

봉오리

봉우리

뜻 망울만 맺히고 아직 피지 않은 꽃.

예 봉오리가 맺혔어요.

뜻 산에서 뾰족하게 높이 솟은 부분.

예 봉우리에 올라가요.

'봉오리'와 '봉우리'는 글자 모양이 비슷해서 잘못 쓰기 쉬워요. '봉오리'는 '꽃봉오리', '봉우리'는 '산봉우리'와 같은 말이라는 것을 기억하고 구별해서 써요.

따라쓰기
문장을 소리 내어 읽고, 낱말을 바르게 따라 쓰세요.

꽃 봉 오 리 는 봄을 알려요.

산 봉 우 리 에 구름이 걸렸어요.

가장 높은 봉 우 리 까지 올라가요.

산에 올라가는 상황이므로 '봉우리'를 씁니다.

92

가지에 맺혀 있는 것은 '봉오리'입니다.

월 일 정답과 풀이 17쪽

확인하기
문장을 읽고, 밑줄 친 낱말이 바르면 ○표, 틀리면 ✕표 하세요.

1 동네에 작은 봉우리가 있어요. (○)

2 봉우리가 가지에 맺혀 있어요. (✕)

3 봉오리에서 내려다보는 풍경이 아름다워요. (✕)
풍경을 내려다볼 수 있는 곳은 '봉우리'입니다.

받아쓰기
불러 주는 문장을 듣고, 빈칸에 들어갈 낱말을 받아쓰세요.

4 봉 오 리 가 벌어지고 있어요.

5 봉 우 리 가 우뚝 솟아 있어요.

'봉오리'라고 쓰지 않도록 주의합니다.

93

4일 오랜만 / 오랫동안

오랜만

오랫동안

뜻 어떤 일이 있은 때로부터 긴 시간이 지난 뒤.

예 친구를 오랜만에 만나요.

뜻 매우 긴 시간 동안.

예 오랫동안 좋아했어요.

'오랜만'은 '오래간만'의 줄임말로 ㄴ 받침을 써요. 하지만 '오랫동안'은 '오래'와 '동안'을 합친 말로, 낱말과 낱말 사이에 ㅅ 받침이 들어가요.

'오랫동안'에 들어가는 ㅅ 받침을 '사이시옷'이라고 합니다.

따라쓰기
문장을 소리 내어 읽고, 낱말을 바르게 따라 쓰세요.

오 랜 만 에 목욕탕에 가요.

오 랜 만 에 할머니 댁에 가요.

오 랫 동 안 서 있어서 힘들어요.

94

전에 산책하고 나서 긴 시간이 지난 뒤 산책했다는 뜻이므로 '오랜만'을 사용하는 것이 알맞습니다.

확인하기
문장을 읽고, 알맞은 낱말을 사용한 문장에 ✓표 하세요.

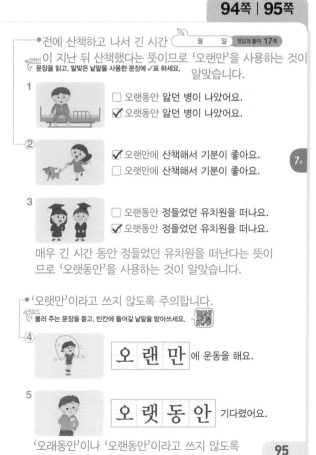

1 ☐ 오랫동안 앓던 병이 나았어요.
✓ 오랫동안 앓던 병이 나았어요.

2 ✓ 오랜만에 산책해서 기분이 좋아요.
☐ 오랜만에 산책해서 기분이 좋아요.

3 ☐ 오랫동안 정들었던 유치원을 떠나요.
✓ 오랫동안 정들었던 유치원을 떠나요.

매우 긴 시간 동안 정들었던 유치원을 떠난다는 뜻이므로 '오랫동안'을 사용하는 것이 알맞습니다.

'오랫만'이라고 쓰지 않도록 주의합니다.

받아쓰기
불러 주는 문장을 듣고, 빈칸에 들어갈 낱말을 받아쓰세요.

4 오 랜 만 에 운동을 해요.

5 오 랫 동 안 기다렸어요.

'오래동안'이나 '오랜동안'이라고 쓰지 않도록 주의합니다.

95

5일 실력 쑥쑥 마무리

빈칸에 들어갈 알맞은 낱말이 쓰여 있는 조개를 찾아 점선을 이으세요.

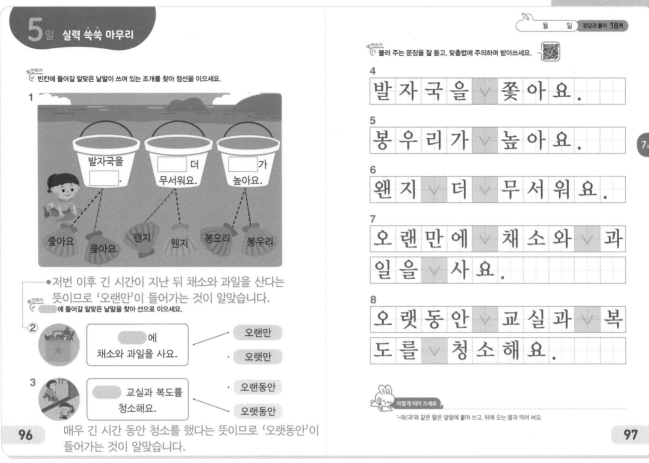

1
발자국을 [ ].
[ ] 더 무서워요.
[ ] 가 높아요.

좋아요   쫓아요   왠지   웬지   봉오리   봉우리

●저번 이후 긴 시간이 지난 뒤 채소와 과일을 산다는 뜻이므로 '오랜만'이 들어가는 것이 알맞습니다.

□에 들어갈 알맞은 낱말을 찾아 선으로 이으세요.

2 [ ]에 채소와 과일을 사요.
· 오랜만
· 오랫만

3 [ ] 교실과 복도를 청소해요.
· 오랜동안
· 오랫동안

매우 긴 시간 동안 청소를 했다는 뜻이므로 '오랫동안'이 들어가는 것이 알맞습니다.

불러 주는 문장을 잘 듣고, 맞춤법에 주의하며 받아쓰세요.

4
발 자 국 을 ∨ 쫓 아 요 .

5
봉 우 리 가 ∨ 높 아 요 .

6
왠 지 ∨ 더 ∨ 무 서 워 요 .

7
오 랜 만 에 ∨ 채 소 와 ∨ 과
일 을 ∨ 사 요 .

8
오 랫 동 안 ∨ 교 실 과 ∨ 복
도 를 ∨ 청 소 해 요 .

이렇게 띄어 쓰세요
'~와/과'와 같은 말은 앞말에 붙여 쓰고, 뒤에 오는 말과 띄어 써요.

1일 담다 / 닮다

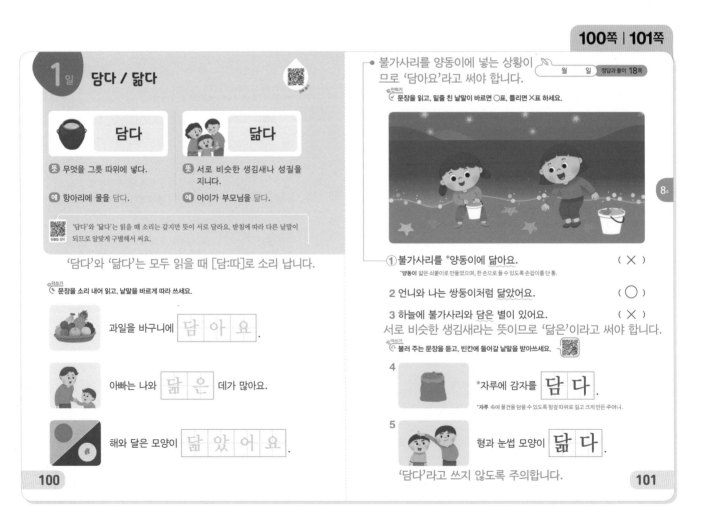

담다
뜻 무엇을 그릇 따위에 넣다.
예 항아리에 물을 담다.

닮다
뜻 서로 비슷한 생김새나 성질을 지니다.
예 아이가 부모님을 닮다.

'담다'와 '닮다'는 읽을 때 소리는 같지만 뜻이 서로 달라요. 받침에 따라 다른 낱말이 되므로 알맞게 구별해서 써요.

'담다'와 '닮다'는 모두 읽을 때 [담ː따]로 소리 납니다.

문장을 소리 내어 읽고, 낱말을 바르게 따라 쓰세요.

과일을 바구니에   담 아 요 .

아빠는 나와   닮 은   데가 많아요.

해와 달은 모양이   닮 았 어 요 .

●불가사리를 양동이에 넣는 상황이 므로 '담아요'라고 써야 합니다.

문장을 읽고, 밑줄 친 낱말이 바르면 ○표, 틀리면 ✕표 하세요.

① 불가사리를 *양동이에 닮아요.   (✕)
*양동이 얇은 쇠붙이로 만들었으며, 한 손으로 들 수 있도록 손잡이를 단 통.

② 언니와 나는 쌍둥이처럼 닮았어요.   (○)

③ 하늘에 불가사리와 담은 별이 있어요.   (✕)
서로 비슷한 생김새라는 뜻이므로 '닮은'이라고 써야 합니다.

불러 주는 문장을 듣고, 빈칸에 들어갈 낱말을 받아쓰세요.

4
*자루에 감자를   담 다 .
*자루 속에 물건을 담을 수 있도록 헝겊 따위로 길고 크게 만든 주머니.

5
형과 눈썹 모양이   닮 다 .

'담다'라고 쓰지 않도록 주의합니다.

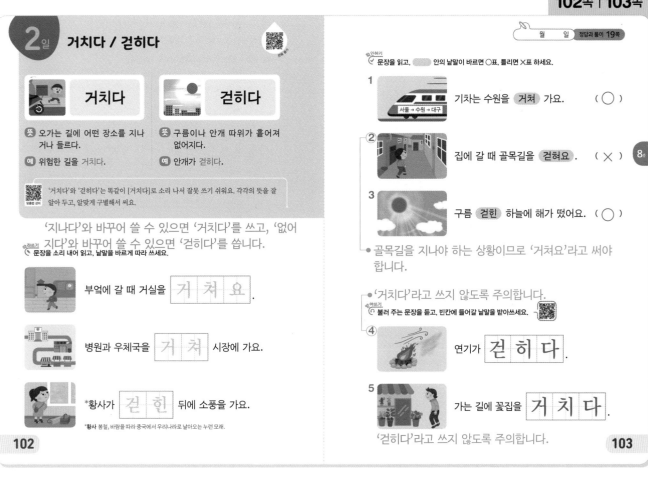

2일 거치다 / 걷히다

거치다
뜻 오가는 길에 어떤 장소를 지나거나 들르다.
예 위험한 길을 거치다.

걷히다
뜻 구름이나 안개 따위가 흩어져 없어지다.
예 안개가 걷히다.

'거치다'와 '걷히다'는 똑같이 [거치다]로 소리 나서 잘못 쓰기 쉬워요. 각각의 뜻을 잘 알아 두고, 알맞게 구별해서 써요.

'지나다'와 바꾸어 쓸 수 있으면 '거치다'를 쓰고, '없어지다'와 바꾸어 쓸 수 있으면 '걷히다'를 씁니다.

따라쓰기
문장을 소리 내어 읽고, 낱말을 바르게 따라 쓰세요.

부엌에 갈 때 거실을 | 거 | 쳐 | 요 |.

병원과 우체국을 | 거 | 쳐 | 시장에 가요.

*황사가 | 걷 | 힌 | 뒤에 소풍을 가요.
*황사 봄철, 바람을 따라 중국에서 우리나라로 날아오는 누런 모래.

102

월 일 정답과 풀이 19쪽

확인하기
문장을 읽고, ⬜ 안의 낱말이 바르면 ○표, 틀리면 ✕표 하세요.

1 기차는 수원을 거쳐 가요. (○)

2 집에 갈 때 골목길을 걷혀요. (✕)

3 구름 걷힌 하늘에 해가 떴어요. (○)

● 골목길을 지나야 하는 상황이므로 '거쳐요'라고 써야 합니다.

● '거치다'라고 쓰지 않도록 주의합니다.

받아쓰기
불러 주는 문장을 듣고, 빈칸에 들어갈 낱말을 받아쓰세요.

4 연기가 | 걷 | 히 | 다 |.

5 가는 길에 꽃집을 | 거 | 치 | 다 |.

'걷히다'라고 쓰지 않도록 주의합니다.

103

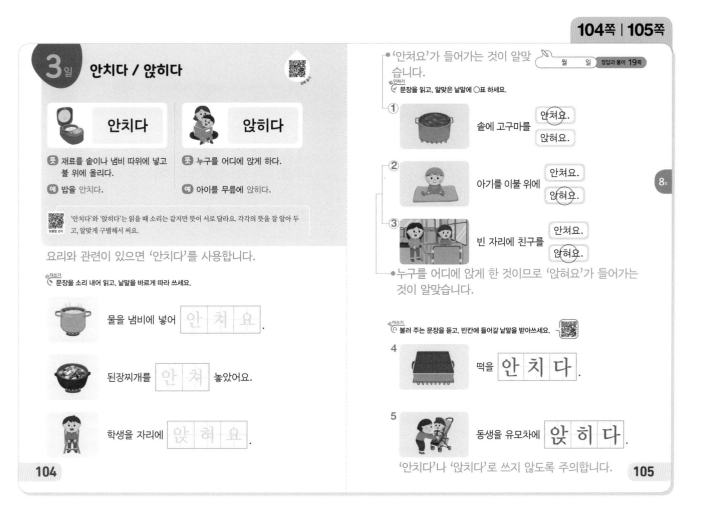

3일 안치다 / 앉히다

안치다
뜻 재료를 솥이나 냄비 따위에 넣고 불 위에 올리다.
예 밥을 안치다.

앉히다
뜻 누구를 어디에 앉게 하다.
예 아이를 무릎에 앉히다.

'안치다'와 '앉히다'는 읽을 때 소리는 같지만 뜻이 서로 달라요. 각각의 뜻을 잘 알아 두고, 알맞게 구별해서 써요.

요리와 관련이 있으면 '안치다'를 사용합니다.

따라쓰기
문장을 소리 내어 읽고, 낱말을 바르게 따라 쓰세요.

물을 냄비에 넣어 | 안 | 쳐 | 요 |.

된장찌개를 | 안 | 쳐 | 놓았어요.

학생을 자리에 | 앉 | 혀 | 요 |.

104

● '안쳐요'가 들어가는 것이 알맞습니다.

월 일 정답과 풀이 19쪽

확인하기
문장을 읽고, 알맞은 낱말에 ○표 하세요.

1 솥에 고구마를
안쳐요. ⟵○
앉혀요.

2 아기를 이불 위에
안쳐요.
앉혀요. ⟵○

3 빈 자리에 친구를
안쳐요.
앉혀요. ⟵○

● 누구를 어디에 앉게 한 것이므로 '앉혀요'가 들어가는 것이 알맞습니다.

받아쓰기
불러 주는 문장을 듣고, 빈칸에 들어갈 낱말을 받아쓰세요.

4 떡을 | 안 | 치 | 다 |.

5 동생을 유모차에 | 앉 | 히 | 다 |.

'안치다'나 '앉치다'로 쓰지 않도록 주의합니다.

105

정답과 풀이 **19**

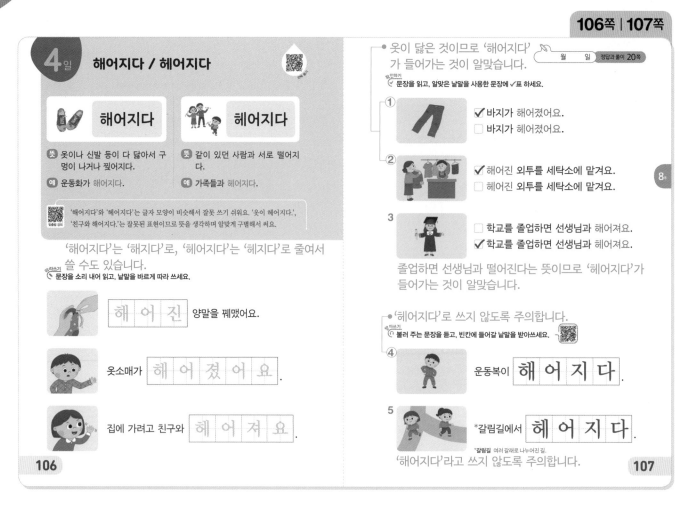

4일 해어지다 / 헤어지다

해어지다

헤어지다

뜻 옷이나 신발 등이 다 닳아서 구멍이 나거나 찢어지다.
예 운동화가 해어지다.

뜻 같이 있던 사람과 서로 떨어지다.
예 가족들과 헤어지다.

'해어지다'와 '헤어지다'는 글자 모양이 비슷해서 잘못 쓰기 쉬워요. '옷이 헤어지다.', '친구와 해어지다.'는 잘못된 표현이므로 뜻을 생각하며 알맞게 구별해서 써요.

'해어지다'는 '해지다'로, '헤어지다'는 '헤지다'로 줄여서 쓸 수도 있습니다.

문장을 소리 내어 읽고, 낱말을 바르게 따라 쓰세요.

해어진 양말을 꿰맸어요.

옷소매가 해어졌어요.

집에 가려고 친구와 헤어져요.

106

• 옷이 닳은 것이므로 '해어지다'가 들어가는 것이 알맞습니다.

월 일 정답과 풀이 20쪽

문장을 읽고, 알맞은 낱말을 사용한 문장에 ✓표 하세요.

① ✓ 바지가 해어졌어요.
  ☐ 바지가 헤어졌어요.

② ✓ 해어진 외투를 세탁소에 맡겨요.
  ☐ 헤어진 외투를 세탁소에 맡겨요.

③ ☐ 학교를 졸업하면 선생님과 해어져요.
  ✓ 학교를 졸업하면 선생님과 헤어져요.

졸업하면 선생님과 떨어진다는 뜻이므로 '헤어지다'가 들어가는 것이 알맞습니다.

• '헤어지다'로 쓰지 않도록 주의합니다.

불러 주는 문장을 듣고, 빈칸에 들어갈 낱말을 받아쓰세요.

④ 운동복이 해어지다.

⑤ *갈림길에서 헤어지다.

*갈림길 여러 갈래로 나누어진 길.

'해어지다'라고 쓰지 않도록 주의합니다.

107

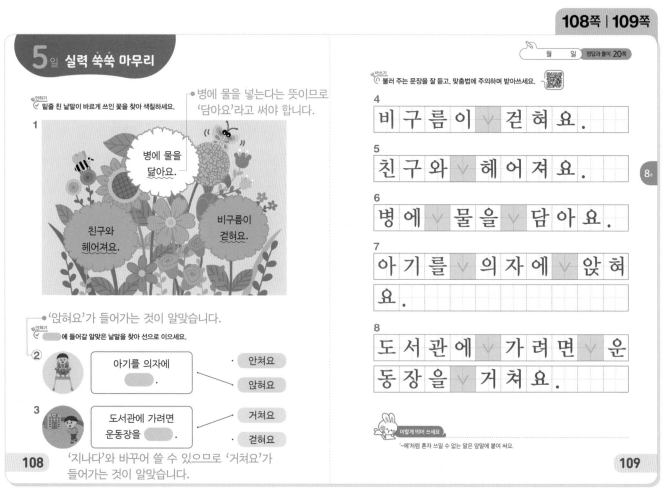

5일 실력 쑥쑥 마무리

밑줄 친 낱말이 바르게 쓰인 꽃을 찾아 색칠하세요.

• 병에 물을 넣는다는 뜻이므로 '담아요'라고 써야 합니다.

1

병에 물을 닮아요.

친구와 헤어져요.

비구름이 걷혀요.

• '앉혀요'가 들어가는 것이 알맞습니다.

에 들어갈 알맞은 낱말을 찾아 선으로 이으세요.

② 아기를 의자에 　　　.
  · 안쳐요
  · 앉혀요

③ 도서관에 가려면 운동장을 　　　.
  · 거쳐요
  · 걷혀요

'지나다'와 바꾸어 쓸 수 있으므로 '거쳐요'가 들어가는 것이 알맞습니다.

108

월 일 정답과 풀이 20쪽

불러 주는 문장을 잘 듣고, 맞춤법에 주의하며 받아쓰세요.

4
비구름이 ∨ 걷혀요.

5
친구와 ∨ 헤어져요.

6
병에 ∨ 물을 ∨ 담아요.

7
아기를 ∨ 의자에 ∨ 앉혀요.

8
도서관에 ∨ 가려면 ∨ 운동장을 ∨ 거쳐요.

이렇게 띄어 쓰세요
'-에'처럼 혼자 쓰일 수 없는 말은 앞말에 붙여 써요.

109

받아쓰기 대본

띄어쓰기를 생각하며 정확한 발음으로 읽어 주세요. 문장 부호도 함께 읽어 주세요.
받아쓰기 문제의 QR코드를 통해서도 내용을 들으실 수 있습니다.

✏️ 1주

17쪽

4 미닫이를 열어요.

5 턱받이에 우유가 묻었어요.

19쪽

4 밭이 정말 넓어요.

5 나랑 같이 놀이터에 갈래?

21쪽

4 손이 닿지 않아요.

5 가방에 책을 넣고 있어요.

23쪽

4 입학 선물을 받아요.

5 책장에 책이 꽂혀 있어요.

25쪽

4 식혜를 ∨ 사요.

5 맏형을 ∨ 따라가요.

6 해돋이를 ∨ 보아요.

7 생일 ∨ 축하 ∨ 노래를 ∨ 불러요.

8 손바닥에 ∨ 물감이 ∨ 까맣게 ∨ 묻었어요.

✏️ 2주

29쪽

3 색연필이 부러졌어요.

4 새우를 식용유에 튀겨요.

31쪽

4 전철역에서 기다려요.

5 차에 휘발유를 넣어요.

33쪽

4 바윗돌이 굴러가요.

5 등굣길에 친구를 만나요.

35쪽

4 빗자루로 바닥을 쓸어요.

5 할아버지 콧수염이 멋져요.

37쪽

4 알약을 ∨ 삼켜요.

5 색연필로 ∨ 써요.

6 이삿짐이 ∨ 많아요.

7 빗길에 ∨ 넘어져서 ∨ 옷이 ∨ 젖었어요.

8 풀잎이 ∨ 바람에 ∨ 살랑살랑 ∨ 흔들려요.

🖊 3주

41쪽

4 보물을 찾아 헤 매 다 .

5 생각만 해도 가슴이 설 레 다 .

43쪽

4 음악을 좋 아 하 다 .

5 거리에 꽃잎이 쌓 이 다 .

45쪽

4 추석을 쇠 다 .

5 오랜만에 부모님을 뵈 다 .

47쪽

3 실 한 움 큼 을 가위로 잘라요.

4 길을 알려 주는 역 할 을 해요.

49쪽

4 오늘 ∨ 처음 ∨ 봬요 .

5 나뭇잎이 ∨ 쌓여요 .

6 한 ∨ 움큼만 ∨ 주세요 .

7 새 ∨ 옷을 ∨ 입고 ∨ 설레어요 .

8 강아지 ∨ 두 ∨ 마리를 찾아 ∨ 헤매어요 .

🖊 4주

53쪽

4 누나가 가방을 덥 석 받아요.

5 늦잠을 자서 눈 곱 도 못 뗐어요.

55쪽

3 무지개는 일곱 빛 깔 이에요.

4 앞머리가 눈 썹 까지 내려와요.

57쪽

4 밥 양을 늘 리 다 .

5 소매를 길게 늘 이 다 .

59쪽

3 깨진 조각을 맞 추 다 .

4 수수께끼 정답을 맞 히 다 .

61쪽

4 옷을 ∨ 덥석 ∨ 집어요 .

5 눈썹을 ∨ 꿈틀거려요 .

6 딱 ∨ 맞추어 ∨ 붙여요 .

7 답을 ∨ 모두 ∨ 맞혀서 ∨ 깜짝 ∨ 놀랐어요 .

8 아저씨가 ∨ 엿가락을 ∨ 길게 ∨ 늘여요 .

65쪽

4 자전거 자물쇠를 ｜잠｜그｜다｜.

5 따뜻한 물에 손을 ｜담｜그｜다｜.

67쪽

4 집에 잠깐 ｜들｜르｜다｜.

5 피아노 소리가 ｜들｜리｜다｜.

69쪽

3 수영장에 더 ｜있｜다｜가｜ 가요.

4 놀이터는 ｜이｜따｜가｜ 가려고요.

71쪽

3 거친 파도를 ｜넘｜어｜요.

4 창문 ｜너｜머｜로 눈이 보여요.

73쪽

4 ｜이｜따｜가｜∨｜만｜나｜요｜.

5 ｜문｜을｜∨｜꼭｜∨｜잠｜가｜요｜.

6 ｜천｜둥｜소｜리｜가｜∨｜들｜려｜요｜.

7 ｜차｜가｜운｜∨｜물｜에｜∨｜옷｜을｜∨｜ ｜담｜가｜요｜.

8 ｜책｜을｜∨｜사｜러｜∨｜작｜은｜∨｜서｜ ｜점｜에｜∨｜들｜러｜요｜.

77쪽

4 달리기 시합을 ｜벌｜이｜다｜.

5 책상과 책상 사이를 ｜벌｜리｜다｜.

79쪽

4 두부를 양념에 ｜조｜리｜다｜.

5 비 소식에 마음을 ｜졸｜이｜다｜.

81쪽

4 약초를 정성껏 ｜달｜이｜다｜.

5 치마를 반듯하게 ｜다｜리｜다｜.

83쪽

4 발이 ｜저｜리｜다｜.

5 딸기를 설탕에 ｜절｜이｜다｜.

85쪽

4 ｜감｜자｜를｜∨｜조｜려｜요｜.

5 ｜손｜발｜이｜∨｜저｜려｜요｜.

6 ｜축｜제｜를｜∨｜벌｜여｜요｜.

7 ｜줄｜과｜∨｜줄｜∨｜사｜이｜를｜∨｜넓｜ ｜게｜∨｜벌｜려｜요｜.

8 ｜아｜픈｜∨｜동｜생｜을｜∨｜위｜해｜∨｜ ｜한｜약｜을｜∨｜달｜였｜어｜요｜.

✎ 7주

89쪽

4 늑대가 양을 쫓 다 .

5 부모님의 말씀을 좇 다 .

91쪽

4 왠 지 수상해 보여요.

5 웬 늑대가 우리 마을에 왔어요.

93쪽

4 봉 오 리 가 벌어지고 있어요.

5 봉 우 리 가 우뚝 솟아 있어요.

95쪽

4 오 랜 만 에 운동을 해요.

5 오 랫 동 안 기다렸어요.

97쪽

4 | 발 | 자 | 국 | 을 | ∨ | 쫓 | 아 | 요 | . |

5 | 봉 | 우 | 리 | 가 | ∨ | 높 | 아 | 요 | . |

6 | 왠 | 지 | ∨ | 더 | ∨ | 무 | 서 | 워 | 요 | . |

7 | 오 | 랜 | 만 | 에 | ∨ | 채 | 소 | 와 | ∨ | 과 |
| 일 | 을 | ∨ | 사 | 요 | . |

8 | 오 | 랫 | 동 | 안 | ∨ | 교 | 실 | 과 | ∨ | 복 |
| 도 | 를 | ∨ | 청 | 소 | 해 | 요 | . |

✎ 8주

101쪽

4 자루에 감자를 담 다 .

5 형과 눈썹 모양이 닮 다 .

103쪽

4 연기가 걷 히 다 .

5 가는 길에 꽃집을 거 치 다 .

105쪽

4 떡을 안 치 다 .

5 동생을 유모차에 앉 히 다 .

107쪽

4 운동복이 해 어 지 다 .

5 갈림길에서 헤 어 지 다 .

109쪽

4 | 비 | 구 | 름 | 이 | ∨ | 걷 | 혀 | 요 | . |

5 | 친 | 구 | 와 | ∨ | 헤 | 어 | 져 | 요 | . |

6 | 병 | 에 | ∨ | 물 | 을 | ∨ | 담 | 아 | 요 | . |

7 | 아 | 기 | 를 | ∨ | 의 | 자 | 에 | ∨ | 앉 | 혀 |
| 요 | . |

8 | 도 | 서 | 관 | 에 | ∨ | 가 | 려 | 면 | ∨ | 운 |
| 동 | 장 | 을 | ∨ | 거 | 쳐 | 요 | . |

큐브 연산

실수를 줄이는 한 끗 차이!

빈틈없는 연산서

- 교과서 전단원 연산 구성 · 하루 4쪽, 4단계 학습 · 실수 방지 팁 제공

동아출판

수학의 기본

큐브 개념

개념 이해가 실력의 차이!

대체불가 개념서

- 교과서 개념 시각화 구성
- 수학익힘 교과서 완벽 학습
- 기본 강화책 제공

실력이 완성되는 강력한 차이!

새로워진 유형서

- 기본부터 응용까지 모든 유형 구성
- 대표 예제로 유형 해결 방법 학습
- 서술형 강화책 제공

큐브 유형

맞춤법 + 받아쓰기
정답과 풀이

동아출판

동아출판 초등 무료 스마트러닝

동아출판 초등 **무료 스마트러닝**으로
초등 전 과목 · 전 영역을 쉽고 재미있게!

과목별 · 영역별 특화 강의

전 과목 개념 강의

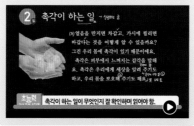

국어 독해 지문 분석 강의

구구단 송

그림으로 이해하는 비주얼씽킹 강의

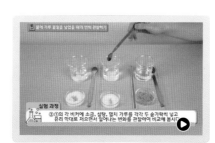

과학 실험 동영상 강의

과목별 문제 풀이 강의

서비스 제공 교재 동아전과 | 백점 시리즈 | 큐브 | 빠작 초등 국어 | 초능력 | 초고필 | 하이탑 초등 과학